U0877450

中国社会科学院国情调研丛书

CASS Series of National Conditions Investigation & Research

中国社会科学院国情调研丛书
CASS Series of National Conditions Investigation & Research

文化创意产业高质量发展路径

——基于湖南的调研报告

High Quality Development Path of Cultural and Creative Industry

—Based on the Investigation Report of Hunan Province

李　平　刘建武　张友国　吴　滨　等著

经济管理出版社
ECONOMY & MANAGEMENT PUBLISHING HOUSE

图书在版编目（CIP）数据

文化创意产业高质量发展路径——基于湖南的调研报告 / 李平等著. —北京：经济管理出版社，2020.11

ISBN 978-7-5096-7604-2

Ⅰ. ①文… Ⅱ. ①李… Ⅲ. ①文化产业—产业发展—研究报告—湖南
Ⅳ. ①G127.64

中国版本图书馆 CIP 数据核字（2020）第 241730 号

组稿编辑：高 娅
责任编辑：高 娅 杜羽茜
责任印制：张莉琼
责任校对：陈晓霞

出版发行：经济管理出版社
（北京市海淀区北蜂窝 8 号中雅大厦 A 座 11 层 100038）
网 址：www. E-mp. com. cn
电 话：（010）51915602
印 刷：北京虎彩文化传播有限公司
经 销：新华书店
开 本：720mm×1000mm /16
印 张：10.5
字 数：162 千字
版 次：2020 年 12 月第 1 版 2020 年 12 月第 1 次印刷
书 号：ISBN 978-7-5096-7604-2
定 价：68.00 元

·版权所有 翻印必究·

凡购本社图书，如有印装错误，由本社读者服务部负责调换。
联系地址：北京阜外月坛北小街 2 号
电话：（010）68022974 邮编：100836

序 言

在当今产业结构优化升级的新经济时代，全球各国的产业结构都发生了深刻的变化，其突出特征是第三产业比重的稳步提升。随着三次产业结构的宏观调整与优化升级，作为第三产业重要组成部分的文化创意产业，已成为各国所瞩目的新的经济增长点。但由于受到各方面原因的影响，文化产业结构（包括文化创意产业结构）也面临着深刻调整和优化的压力。特别是在中美贸易摩擦、全球经济受冲击的背景之下，我国文化创意产业受世界经济动荡这一整体形势的影响，出现动荡。与此同时，我国文化创意产业发展多处于初级阶段，缺少真正意义上的现代企业制度；资源配置与流通渠道不畅，产业结构面临深刻调整和优化。因此，就如何推动文化创意产业高质量发展开展调研，及时提出战略思路与战略对策，对于我国应对贸易摩擦，促进区域经济结构调整和全面小康社会建设极具意义。

近年来，湖南省文化创意产业处于不断上升的态势，产值增长幅度显著，“走出去”势头良好，文化创意产业在湖南省经济社会发展中的支柱性产业地位进一步巩固，综合实力位列全国第一方阵。从空间布局来看，湖南初步形成了以长株潭两型示范区为核心，结合大湘西、大湘南、环洞庭湖三大特色文化产业板块形成互相呼应的“一核两圈三板块”区域产业格局。从产业布局来看，初步形成以新闻出版、广播电视、演艺娱乐、报刊业“四轮驱动”，以旅游和会展业“两翼齐飞”共同推动湖南文化创意产业发展的格局。同时，湖南卫视、浏阳花炮、中南出版传媒等湖南文化品牌建设卓有成效。因而，将湖南作为推进文化创意产业高质量发展的调研地点，具有十分突出的典型性和代表性。

本研究的目的在于深入把握我国文化创意产业的进展状况及其演化

态势，总结、提炼文化创意产业发展实践中的经验与教训，评估进一步推进文化创意产业高质量发展所面临的困难和挑战，为我国推进文化创意产业高质量发展提供政策参考意见，同时为调研地区文化创意产业高质量发展提出具体思路和建议。

为此，2019 年 3 月 27～30 日，课题组分成两个调研小组，一组在长沙市调研文化创意产业高质量发展相关问题，另一组则前往湘西土家族苗族自治州（以下简称“湘西州”），通过召开座谈会、实地走访等形式调研当地文化创意产业发展状况。本课题组选取湖南省长沙市和湘西州进行了实地调研，是因为长沙市是湖南省文化创意产业最发达也是发展最活跃的地区，而湘西州的文化创意产业发展则基本上还处于初级阶段，选择这两个地方调研更有利于课题组全面把握湖南省文化创意产业发展的总体状况和态势。通过对上述两市（州）的调研，同时结合对国家和湖南省文化创意产业发展态势、相关政策的分析，课题组最终形成了本报告。

课题组

2020 年 8 月

目　录

第一章

文化创意产业概述

第一节 文化创意产业的内涵

一、国外学者研究

学界对于文化创意产业概念的界定莫衷一是，其对经济发展的以及经济转型的促进作用根植于文化经济学的发展。文化经济学源于 Baumol 和 Bowen（1966）的专著《表演艺术：经济学困境》，他们对文化经济学的概念以及基本内涵进行了清晰的界定。文化经济理论反映了新经济竞争优势的来源和竞争方式正在发生重要转变。以知识和创意为主要内容的人力资源代替自然资源和有形的劳动生产，成为经济增长的新动力和财富创造的主要源泉（Florida，2002）。随后，约瑟夫·熊彼特（1990）在《经济发展理论》（*The Theory of Economic Development*）提出的创新理论进一步阐述了创新作为经济发展的动力源泉对长期经济增长的影响，而文化经济学的核心同样是关注知识与创意生产的问题。

文化创意产业的定义具有明显的国别差异特征，其中，英国将文化创意产业称为“创意产业”，而美国、西班牙以及日本则分别将对应的文化创意产业称为版权产业、文化休闲产业以及内容产业。文化创意产业包含“文化产业”和“创意产业”概念延伸的两个阶段，西奥多·阿多诺（Theodor Adono）和马克斯·霍克海默（Max Horkhemier，1947）在其出版的专著《启蒙的辩证法》中首次提出了“文化产业”的概念，认为其通过借助于现代科技手段，以商品化和非创造性的文化产品为主体，并且依赖于规模化复制而发展的娱乐产业体系。1998 年，英国发布了《创意产业路径文件 1998》（*Creative Industries Mapping Documents* 1998），首次明确提出了“创意产业”的概念，认为创意产业是指“那些源于个人创造力的技能和才华，能够通过知识产权的开发和运用，可以充分发挥创造财富的潜力以及增加就业机会的行业的集合”。

英国经济学家约翰·霍金斯（John Howkins）被誉为世界“创意产业之父”，其在2001年出版的《创意经济》一书中，从知识产权的角度出发，认为创意产业的相关产品及服务均在知识产权法的保护范围之内，生产相关具有知识产权的产品和服务的经济部门的组合就是创意产业。其中，知识产权包括专利、版权、商标和设计四个方面。知识产权法的每一种分类形式，都与相应的庞大的工业对应，知识产权相关的四种工业形成的创造性产业和创造性经济就是创意产业（Howkins，2006）。2006年公布的《英国创意产业竞争力报告》（*Comparative Analysis of the UK's Creative Industries*），将创意产业分为三类产业集群：生产性行业（Production Industries）、服务性行业（Service Industries）、艺术品及相关技术行业（Arts and Crafts Industries）。Throsby（2001）将文化创意产业的定义概括为在文化生产过程中涉及创意的文化产品或者服务，并在其中嵌入了某种程度的知识产权并传达符号意义的产业。

理查德·E. 凯夫斯，2004年在以“创意产业”为主题的专著《创意产业经济学：艺术的商品性》中，系统完整地阐释了创意产业的基本内容以及行业特征，认为文化创意产业能够对经济活动中的文化商品市场动态产生直接影响。除此之外，理查德·凯夫斯认为，创意产业的内涵与外延的变化与现代科技进步与经济全球化的发展密切相关，传统艺术与现代媒体相互联系的关键要素在于市场化。总之，理查德·凯夫斯主要对超越艺术和媒体范围的共性更感兴趣，并且不在这些共性之外定义创意产业。

Stoneman（2011）认为，创意产业概念体现了自下而上的产业政策取向，尤其是在知识经济时代，创意产业重新界定了传统媒体和文化产业的相互关系。创意产业作为一种政策框架，其产生概念、发展历史源于英国，但短期内迅速获得了各个国家、地区的政策支持，因为创意产业具有高附加值的属性，能够对国民经济产生直接影响，而且创意产业的巨大外部性要求政府直接出台相关的产业政策。

Keane（2004）认为，创意产业由一系列的经济相互联系的部分组成。这样的经济着重于扩张，利用有象征意义的文化产品，如艺术、影视、互动的游戏，并为诸如建筑、广告和设计等领域提供商业和信息服务，这些领域还包括网络、多媒体、软件开发。这些产业包括创造力和想象力的应用，目的是按照不完整的、抽象的要求，生产、交付独一无二的或定做的产品，这些要求来源于顾客或者是个人艺术研究的愿望。创意可以被广泛理解为艺术、商业、技术、科学上的不同贡献，也包括更广泛的经济领域。Oakley（2006）指出，从更广的视角来看，当涉及更加宽泛和更加广阔的文化范围和领域时，“文化创意产业”与“创意产业”是具有相同含义的。

美国目前关于创意产业的比较权威的定义产生于 2004 年的联合国贸易和发展会议（United Natians Conference an Trade and Development，UNCATAD）。UNCTAD 指出，所谓文化创意产业，就是以思维创意和知识资本的不断投入为基础，以一系列与知识相关的经济活动为核心，进行产品与服务的创作、生产和销售的循环过程。具体来看，这一循环过程主要是生产具有创意内容、经济价值与市场目标的智力或艺术服务。随着技术进步与时代发展，UNCATAD（2010）提出创意经济是艺术、商业、关联性、创新驱动和新商业模式的交叉融合，数字时代大大增加了音乐、动漫、电影、新闻、广告业等经济收益。联合国教科文组织（2006）认为，“文化创意产业是运用创意和无形的文化内涵，创造出受著作权保护的内容密集型的产业活动，它们表现为物质的商品或非物质的服务”。

二、国内学者研究

国内很多学者基于文化经济和创意经济概念的内涵和外延，对文化创意产业的概念进行了界定，但同样缺乏一个完整和准确的定义。

厉以宁（2018）在《文化经济学》一书中对文化产业的经营主体、与文化事业的关系、产业中性以及包括高新技术化、规模经济化、结构调整和资产重组、垄断化四个国际化特征等对文化产业涉及的内涵进行了界定，并指出文化经济学的核心是文化产品，文化产品的一个重要特点是其具有个体性和创造性，其对社会的影响也会通过文化产品的载体扩散开来；文化经济学就是研究文化产品的交易过程、使用价值以及经济社会效益的学科。并且指出，文化产品可以分为两大类：一类是用物化形态表现出来的，如音像制品、美术作品、书刊等，也包括瓷器、陶器、刺绣、服饰等物质形态的工艺品；另一类则是精神服务产品，也就是文化艺术部门和单位提供的服务，如歌舞演出、演唱会、演句、评书和相声等。

沈山（2004）对国际通行的文化创意产业概念进行了全面分析，对文化创意产业做了多个方面的定义：第一，广义上，文化创意产业主要是指以艺术价值和文化意义为前提的生产活动；第二，文化创意产业主要是指将艺术创作、现代艺术、艺术展览、艺术作品和文化传播相互结合的产业活动，这一定义可作为具体文化机构、出版单位的行动指南；第三，文化创意产业主要是指与商业活动、观众规模以及与艺术作品传播相关的商业互动，包括如广播电视、文化出版、音乐行业、电影制作以及文艺作品相关的创作活动，主要以文化和艺术作品的传播为标准对文化创意产业进行定义，强调电子产品的相关作用；第四，文化创意产业主要特指文化企业，主要将文化艺术创作当作市场行为，这是对文化创意产业最狭义的定义，其主要强调的是文化产业对于经济市场的影响。基于以上的定义总结，沈山认为文化创意产业是指囊括知识产权，并创造出文化产品和相关服务的生产、扩展的聚合体系，核心包含视觉艺术、音乐艺术、表演艺术、建筑艺术、造型艺术以及文学艺术等，具体行业包括出版、广播、电视、广告、唱片、设计、电影、文学等相关领域。

从文化创意本身的构成要素内涵来定义：厉无畏（2006）认为，广义上讲，一切由创意推动的产业均可称为创意产业，通常把以创意为核心增长要素的产业或缺少创意就无法生存的相关产业称为创意产业。胡晓鹏（2006）认为，文化创意产业形成之前，其主要是以消费型创意资本的形态附加在相关服务或者商品之中，以生产要素的形态与其他要素共同促进生产效率提高，具有突出的资本属性。姚东旭（2007）对创意、文化创意产业等概念进行了更为清晰的界定，并指出创意是文化创意产业的关键，创意存在于所有的产业之中，只有关于文化方面的创意才是文化创意产业的核心。周哲（2010）认为，在经济社会发展中，知识和文化的地位日益增强是文化创意产业发展的根本原因，促进文化创意产业发展是一个系统性工程，需要在理论研究、创意型人才培养以及践行产学研一体化等方面有所作为。张世君（2011）认为，文化创意产业是依靠创意和智力进行创作、生产和销售，并有效运用知识产权保护开展经营进而实现持续发展的新兴产业，文化创意产业主要分为核心层、紧密层、外围层和边缘层四个基本层次。覃京燕等（2011）认为，文化创意产业主要涉及创造力、文化底蕴和知识产权等，具有高知识性、高附加值性和强融合性，是资源节约生态型的产业。

从产业组织形式以及产业价值链环节归属来定义：荣跃明（2005）认为，创意产业强调其独立产业对经济增长活动和产业结构的影响，创意产业部门最大限度地发挥了经济增长和产业结构演变的重要优势。相关影响还在服务业、金融业、制造业以及其他产业发生着重要变化，具备特殊的优势。创意产业组织形式是可以集群化的产业组织模式，也可以属于微型企业，甚至是个人工作室，具有一定的产业集群效应。熊澄宇（2012）指出，文化产业属于第三产业，是服务业的重要组成部分，在新经济与新媒体不断发展的背景下，文化产业与创意艺术的结合是未来中国文化产业发展的重要方向。邢华（2009）认为，文化创意产业占据着价值链的高端环节，而且文化创意产业的价值链是各环节紧密联系的有机整体，由文化创意产业的各个增值环节所构成，其内部结构表现为网状价值链和线性价值链两种形式，文化创意产业的发展主要依赖于其价值链的整合。文化创意产业中的文化内涵、创意内容、数字技术以及版权交易等各具特色，使通过政府的合理规划和政策的有效引导，推动文化创意产业集聚发展显得尤为必要。金元浦（2010）强调，创意产业的“融合性”，认为文化创意产业是在全球化条件下，以消费人们的精神、文化、娱乐需求为基础的，以高科技的技术手段为支撑的，以网络等新的传播方式为主导的一种新的产业发展模式。它以文化和经济全面结合为特征，是一种跨国、跨地域、跨行业、跨部门、跨领域重组或者创建的新型产业集群。文化创意产品是以创意创新为核心，以知识产权为根本，贯穿生产、流通、消费等产业发展全过程的新型的产业集群，向大众提供满足其文化、娱乐、精神、心理方面需求的新兴产业形态。

从文化创意产业发展的技术背景来定义：熊澄宇（2008）认为，文化创意的发展具有国际化、数字化和市场化的大背景，文化创意产业主要包括内容、科技、资本和服务四个核心要素，文化创意产品具备原创、差异和不可替代属性。赵静超和司若（2010）认为，文化创意发展依赖于现代信息技术以及新媒体的发展，媒介融合、资源共享以及优势互补三大特征促进了资源更广大范围的整合与利用，使文化创意产业的价值链不断延伸、拓展和完善，为传统媒体和新媒体产业开辟了合作共赢的广阔空间。

三、本书对文化创意产业的定义

随着技术革命的兴起以及经济全球化进程的加快，文化创意产业将紧随全球经济与文化发展的潮流，以现代科技为支撑、以文化为依托、以创意为内核以及以知识价值为导向成为促进一国经济发展的重要动力支撑。文化创意产业一般具有价值增值、产业集聚、深度融合以及与时俱进四大特征：价值增值是指文化创意产业是一种以创新为核心的高附加值的行业，处于价值链的高端环节；产业集聚是指文化创意产业在具体发展的过程中不仅包括创意方案策划，还包括实施辅助设备的计算机控制技术、网络连接技术以及互联网、大数据和人工智能技术，乃至区块链技术等，呈现出明显的知识集聚特征；深度融合是指文化创意产业的发展是经济、社会、科技和教育深度融合的结果，具有强渗透性和强辐射性；与时俱进是指文化创意产业与新技术、新思维以及新时代紧密相连。

概念界定是进行文化创意产业统计工作的前提和基础，各国对文化创意产业的定义及统计范围有所不同，在名称上，除了中国和法国使用的“文化产业”之外，还有英国的“创意产业”、日本的“文化创意产业”、美国的“版权产业”、韩国和欧盟的“内容产业”等名称，其外延或重叠或交叉，各有差别和侧重，但所指内容基本类似，而国内政策文件一般并未将其做明确区分，基本上是根据《国民经济行业分类》制定相应的《文化及相关产业分类（2018）》对“文化创意产业”的发展特征进行分析。《文化及相关产业分类（2018）》将文化创意产业的概念界定为“为社会公众提供文化产品和文化相关产品的生产活动的集合”。中国官方对于文化创意产业的具体分类标准也经历了多次调整，主要体现在国家统计局对“文化及相关产业”的细分目录调整中。本书对于文化创意产业的统计分析也将基于国家统计局以及地方统计年鉴中“文化及相关产业”的细分行业的相关数据进行分析。就本书而言，湖南省统计局的定义是，文化创意产业是指以创作、创造、创新为根本手段，以文化内容和创意成果为核心价值，以知识产权实现或消费为交易特征，为社会公众提供文化体验的具有内在联系的行业集群。

第二节　文化创意产业的分类标准

一、国外分类标准

对文化创意产业进行统计的前提是分类标准的确定，文化创意行业的分类是将其与国民经济行业分类连接起来的节点，只有将文化创意分类标准融入国民经济行业分类的统一框架之内，才能够更加科学、有效地探讨文化创意产业的经济社会效益。现实中，文化创意行业缺乏统一的分类标准，大多是基于研究和实践的需求对文化创业产业进行分类，比如联合国教科文组织将文化创意产业分为博物馆、美术馆、图书馆、表演艺术、节庆、视觉艺术、工艺品、设计、出版、广播电视、电影、摄影、交互媒体等核心文化产业，以及乐器、音响设备、建筑、广告、印刷设备、软件、视听硬件等扩展文化产业。此外，基于具体的应用情况，日本、英国以及美国也对各自的文化创意产业进行了行业分类，具体如表 1-1 所示。

表 1-1　美国、英国、日本文化创意产业分类

国家	文化创意产业分类
美国	核心版权产业、交叉版权产业、部分版权产业、边缘版权产业
英国	广告、建筑、艺术和古董市场、手工艺品、设计、时装设计、电影与音像、互动休闲软件、音乐、表演艺术、出版、软件和计算机服务、电视广播
日本	电影、动漫、电视节目的制作与发行，音乐的制作与发行，游戏的制作与发行，图书报纸的创作与发行

日本的文化产业分为电影、动漫、电视节目的制作与发行，音乐的制作与发行，游戏的制作与发行以及图书、报纸的创作与发行等，主要包括电影、动漫、电视、音乐、游戏及出版等内容产业，体现了独具日本特色的文化产业发展格局。

英国在《创意产业路径文件（1998）》中，规定了“创意产业”的覆盖范围包括 13 个行业，分别是广告（Advertising）、建筑（Architecture）、艺术和古董市场（Art and Antiques Market）、手工艺品（Crafts）、设计（Design）、时装设计（Fashion Design）、电影与音像（Film and Video）、互动休闲软件（Interactive Leisure Software）、音乐（Music）、表演艺术（Performing Arts）、出版（Publishing）、软件和计算机服务（Software and Computer Services）、电视广播（Television and Radio）。随后，英国文化媒体体育部、英国创意产业工作小组在《创意产业图录报告》中将英国的创意产业分为广告、建筑、艺术及古玩市场、手工艺、设计、时尚、电影、音乐、表演艺术、出版、软件、广播电视、电脑游戏，共十三类。

美国的版权产业统计为了符合国际标准，根据世界知识产权组织（World Intellectu Properly Organization，WIPO）2003 年发布的《版权产业经济贡献调查指南》（*Guide on Surveying the Economic Contribution of the Copyright-based Industries*）的分类标准，按照与版权产品关系的密切度，将版权产业分为四类，分别为核心版权产业、部分版权产业、交叉版权产业和边缘版权产业（见表 1-2）。核心版权产业主要指的是原创、生产、发行或展览版权产品的产业；交叉版权产业指生产、制造和销售的主要功能是促进有版权产品的创造、生产或使用设备的产业；部分版权产业指部分产品为版权产品的产业；边缘版权产业包括将受版权保护和部分不受版权保护的产品发行给商家和消费者的产业。

表 1-2　美国版权产业分类

核心版权产业	交叉版权产业	部分版权产业	边缘版权产业
出版与文学，音乐、剧场制作、歌剧，电影与录像，电视广播，摄影，软件与数据库，视觉艺术与绘画艺术，广告	电视机的制造与批发零售、收音机的制造与批发零售、录像机的制造与批发零售、CD 机的制造与批发零售、DVD 机的制造与批发零售、录音机的制造与批发零售、电子游戏设备及其他相关设备的制造与批发零售	服装、纺织品与鞋类，珠宝与钱币，其他工艺品，家具，家用物品、瓷器及玻璃，墙纸与地毯，玩具与游戏，建筑、工程、测量，室内设计，博物馆	为发行版权产品的一般批发与零售，大众运输服务，电讯与互联网服务

就分类标准的统计机构而言，英国设有国家统计局进行国民经济统计，行业主管部门是文化媒体体育部，每年发布《英国创意产业专题报告》。美国没有文化部，但设立了总统艺术人文委员会，也没有集中的统计机构，实行分散、分级统计管理体制，设有普查局、劳工统计局、经济分析局等统计部门。美国总统艺术人文委员会每年发布《美国创意产业年度报告》，非政府组织国际知识产权联盟（International Intellectual Property Alliance，IIPA）发布《美国经济中的版权产业》报告。日本文化创意产业的主管部门有文部科学省、总务省、经济产业省等，其中，日本总务省统计局是统计部门，日本经济产业省每年发布《数字内容产业白皮书》《游戏产业白皮书》等。

文化产业的政策导向是文化创意行业的分类的决定性因素。历史上，随着日本战后的崛起以及其本身所具有的良好的文化基础，日本通过实施文化立国的战略大力支持本国文化创意产业的发展，尤其是在动漫业、游戏以及音乐等数字内容产业在亚洲“一枝独秀”，使日本文化创意产业的发展在亚洲遥遥领先。相比较而言，美国对于知识产权的保护历来比较重视，1984 年成立的国际知识产权联盟成为其发展版权产业的重要国际合作平台。英国对于文化创意产业的发展更多的是为了提升本国经济。

二、国内分类标准

（一）分类标准差异

在中国，文化创意产业包含了“文化产业”与“创意产业”两个维度，中国对于文化意识形态的商品属性的认知，来自德国法兰克福学派对于文化产业的阐述，随后逐渐为政府接受并纳入相应的规划之中。《中共中央关于制定国民经济和社会发展第十个五年计划的建议》首次提出了“文化产业”的概念，随之党的十六大报告明确提出了“发展文化产业是市场经济条件下繁荣社会主义文化、满足人民群众文化需求的重要途径”。为了贯彻党的十六大关于文化建设与文化体制改革的要求，2002 年中宣部牵头多部委成立“文化产业统计研究课题组”，完成了 2002 年版本的《文化及相关产业分类》；随后经过多次修订，又发布了 2004 年版、2012 年版以及 2018 年版三个重要版本。

除了国家层面之外，中国一些文化创意产业较为发达的地方城市也大多提出了自己的文化创意产业分类标准，比如2006年北京市和国家统计局联合发布了《北京市文化创意产业分类标准》，从产业链的角度将文化创意产业定义为“是以创作、创造、创新为根本手段，以文化内容和创意成果为核心价值，以知识产权实现或消费为交易特征，为社会公众提供文化体验的具有内在联系的行业集群”。相比较而言，上海市沿袭了英国文化创意产业的定义，将其定义为“以创新思想、技巧和先进技术等知识和智力密集型要素为核心，通过一系列创造活动，引起生产和消费的价值增值，为社会创造财富和提供广泛就业机会的产业，主要包括研发设计、建筑设计、文化艺术、咨询策划和时尚消费等几大类”，同时出台了《上海创意产业发展重点指南》。由于历史原因，中国香港同样沿袭了英国文化创意产业的相关定义，将文化创意产业分为表演艺术、电影电视、出版、艺术品及古董市场、音乐、建筑、广告、数码娱乐、电脑软件开发、动画制作、时装及产品设计等产业。中国台湾也借鉴英国的文化创意产业的发展经验，分类包括视觉艺术产业、音乐与表演艺术产业、文化展演设施产业、工艺产业、电影产业、广播电视产业、出版产业、广告产业、设计产业、数字休闲娱乐产业、设计品牌时尚产业、创意生活产业和建筑设计产业。

（二）分类标准修正

分类标准是文化产业统计工作的前提和基础。文化创意产业无论是在学术界还是政策制定的话语表述中都缺乏一个统一的标准。一般涉及文化创意产业的概念有“文化产业”“创意产业”“文化创意产业”等。而国内政策文件一般并未将其做明确区分，基本上是根据《国民经济行业分类》制定相应的《文化及相关产业分类》对“文化创意产业”的发展特征进行分析。接下来有必要对历年来我国文化创意行业分类标准的调整和演变进行概述。

从分类标准出台的背景来看，2004年，为贯彻落实党的十六大关于文化建设和文化体制改革的要求，国家统计局依据《国民经济行业分类》（GB/T 4754—2002），制定了《文化及相关产业分类》，并作为国家统计标准颁布实施，首次明确了我国文化产业的统计范围、层次、内涵和外延，为启动和开展文化产业统计工作奠定了根基。

2012年，随着党的十七届五中全会提出推动文化产业成为国民经济支柱性产业的战略目标，党的十七届六中全会进一步强调推动文化产业跨越式发展，使之成为新的增长点、经济结构战略性调整的重要支点、转变经济发展方式的重要着力点，对文化产业统计工作提出了新的要求。随着新的《国民经济行业分类》（GB/T 4754—2011）的颁布实施，联合国教科文组织《文化统计框架 2009》的发布，文化新业态的不断涌现，有必要对 2004 年制定的《文化及相关产业分类》进行修订。2011 年 9 月 28 日，中宣部、国家统计局在北京召开文化产业统计研讨会，认为要适应我国文化产业发展的新情况、新变化，总结近年来各地区、各部门统计工作的实践经验，对现行分类进行必要调整，使其更加切合发展需要。2012 年，国家统计局参考联合国教科文组织发布的《文化统计框架—2009》，根据《国民经济行业分类》（GB/T 4754—2011）对分类进行修订完善，最终形成了《文化及相关产业分类（2012）》。

互联网时代的到来促使以"互联网+"为依托的文化新业态不断涌现并发展迅猛，日益成为文化产业新的增长点。2017 年 6 月 30 日，新的《国民经济行业分类》（GB/T 4754—2017）正式颁布。同年 8 月 29 日，国家统计局发文要求从 2017 年统计年报和 2018 年定期统计报表起统一使用新标准。2018 年，国家统计局颁布相关新的修订标准《文化及相关产业分类（2018）》。《文化及相关产业分类（2018）》是在《文化及相关产业分类（2012）》的基础上，依据新的《国民经济行业分类》（GB/T 4754—2017）修订形成的，与联合国教科文组织《文化统计框架 2009》相衔接。在《文化及相关产业分类（2018）》中，原有的定义、分类原则保持不变，新增加了符合文化及相关产业定义的活动小类，重点调整了分类类别结构。

《文化及相关产业分类（2004）》对文化及相关产业的界定是"为社会公众提供文化、娱乐产品和服务的活动，以及与这些活动有关联的活动的集合"。《文化及相关产业分类（2012）》把其进一步完善为"为社会公众提供文化产品和文化相关产品的生产活动的集合"，并在范围的表述上对文化产品的生产活动（从内涵）和文化相关产品的生产活动（从外延）做出解释。《文化及相关产业分类（2018）》的标准并未发生变化。以上标准如表 1-3 所示。

表 1-3 文化及相关产业分类标准及调整

分类标准	概念界定	内容范围及分类	分类（层次）方法
《文化及相关产业分类（2004）》	为社会公众提供文化、娱乐产品和服务的活动，以及与这些活动有关联的活动的集合	文化及相关产业可分为文化产业核心层、文化产业外围层和相关文化产业层。内容范围主要包括六个方面：文化产品制作和销售活动、文化传播服务、文化休闲娱乐服务、文化用品生产和销售活动、文化设备生产和销售活动、相关文化产品制作和销售活动	将文化及相关产业划分为四层： 第一层按照文化活动的重要性分为文化服务和相关文化服务两大部分； 第二层根据部门管理需要和文化活动的特点分为九个大类，新闻服务出版发行和版权服务，广播、电视、电影服务，文化艺术服务，网络文化服务，文化休闲娱乐服务，其他文化服务，文化用品、设备及相关文化产品的生产，文化用品、设备及相关文化产品的销售等； 第三层依照产业链和上下层分类的关系分为 24 个中类； 第四层共有 80 个小类，是第三层所包括的行业类别层，也是文化及相关产业的具体活动类别，对应“国民经济行业代码”
《文化及相关产业分类（2012）》	文化及相关产业指为社会公众提供文化产品和文化相关产品的生产活动的集合	生产活动范围包括以下四个部分：①以文化为核心内容，为直接满足人们的精神需要而进行的创作、制造、传播、展示等文化产品（包括货物和服务）的生产活动；②为实现文化产品生产所必需的辅助生产活动；③作为文化产品实物载体或制作（使用、传播、展示）工具的文化用品的生产活动（包括制造和销售）；④为实现文化产品生产所需专用设备的生产活动（包括制造和销售）	将文化及相关产业分为五层： 第一层包括文化产品的生产、文化相关产品的生产两部分； 第二层根据管理需要和文化生产活动的自身特点分为 10 个大类，分别是新闻出版发行服务、广播电视电影服务、文化艺术服务、文化信息传输服务、文化创意和设计服务、文化休闲娱乐服务、工艺美术品的生产、文化产品生产的辅助生产、文化用品的生产以及文化专用设备的生产等； 第三层依照文化生产活动的相近性分为 50 个中类； 第四层共有 120 个小类，是文化及相关产业的具体活动类别，直接采用《国民经济行业分类》（GB/T 4754—2011）相对应行业小类的名称和代码表示

续表

分类标准	概念界定	内容范围及分类	分类（层次）方法
《文化及相关产业分类（2018）》	文化及相关产业是指为社会公众提供文化产品和文化相关产品的生产活动的集合	生产活动范围包括两个部分：①以文化为核心内容，为直接满足人们的精神需要而进行的创作、制造、传播、展示等文化产品（包括货物和服务）的生产活动。包括新闻信息服务、内容创作生产、创意设计服务、文化传播渠道、文化投资运营和文化娱乐休闲服务等活动。②为实现文化产品的生产活动所需的文化辅助生产和中介服务、文化装备生产和文化消费终端生产（包括制造和销售）等活动	将文化及相关产业划分为三层： 第一层为大类，共有九个大类；分别是新闻信息服务、内容创作生产、创意设计服务、文化传播渠道、文化投资运营、文化娱乐休闲服务、文化辅助生产和中介服务、文化装备生产、文化消费终端生产； 第二层为中类，共有 43 个中类； 第三层为小类，共有 146 个小类

资料来源：笔者根据国家统计局及相关资料整理。

从分类标准内容的调整来看，文化及相关产业的内容范围以及分类层次都存在精简的趋势。从分类内容来看，《文化及相关产业分类（2004）》将文化及相关产业分为文化产业核心层、文化产业外围层和相关文化产业层，以及不同层次下的六个方面的内容文化产品制作和销售活动、文化传播服务、文化休闲娱乐服务、文化用品生产和销售活动、文化设备生产和销售活动、相关文化产品制作和销售活动。而《文化及相关产业分类（2012）》则进一步概括分为四个部分，将《文化及相关产业分类（2004）》中的文化用品生产和销售活动以及文化设备生产和销售活动独立开来，将生产活动范围划分为四个部分：①以文化为核心内容，为直接满足人们的精神需要而进行的创作、制造、传播、展示等文化产品（包括货物和服务）的生产活动；②为实现文化产品生产所必需的辅助生产活动；③作为文化产品实物载体或制作（使用、传播、展示）工具的文化用品的生产活动（包括制造和销售）；④为实现文化产品生产所需专用设备的生产活动（包括制造和销售）。《文化及相关产业分类（2018）》则进一步将其精简为两个部分：一是以文化为核心内容，为直接满足人们的精神需要而进行的创作、制造、传播、展示等文化产品（包括货物和服务）的生产活动。二是为实现文化产品的生产活动所需的文化辅助生产和中介服务、文化装备生产和文化消费终端生产（包括制造和销售）等活动。从分类层次来看，也存在整合精简的趋势，从《文化及相关产业分类（2004）》的四层调整为《文化及相关产业分类（2012）》的五层，再到《文化及相关产业分类（2018）》的三层，这意味着文化及相关产业的分类层次存在交互融合的趋势。

为了防止新增内容与国民经济分类标准有重复和冲突，新增分类内容把握的一个基本原则是"凡属于农业、采矿、建筑施工、行政管理、体育、国民教育、餐饮等活动均不纳入分类，如茶叶种植、国民教育系列中的艺术院校、咖啡馆和酒吧等服务；对于虽有部分活动与文化有关但已形成自身完整体系的生产活动不予纳入，如旅游、快递服务、互联网批发、综合零售等"。而且，既有的分类标准和分类内容的增加要能够反映社会主义文化体制改革的成果以及新技术革命所带来的生产业态的变化。因此，与《文化及相关产业分类（2012）》相比，《文化及相关产业分类（2018）》增加了符合文化及相关产业定义的活动小类，其中包括了互联网文化娱乐平台、观光旅游航空服务、娱乐用智能无人飞行器制造、可穿戴文化设备和其他智能文化消费设备制造等文化新业态。而且，新的分类标准吸收了近年来文化体制改革的有关成果，突出了文化核心领域内容，体现了文化生产活动的特点，类别结构设置符合我国文化改革和发展管理的现实需要和认知习惯。

第三节　发展文化创意产业的意义

一、推动中华文化创新，促进国际文化交流

纵观中国发展的千年历程可以看出，中国拥有厚重的历史文化以及灿烂的世界级文明，但近代以来，随着西方工业革命日渐兴起，中国的故步自封让中国在经济、社会以及文化领域的发展停滞不前，丧失了历

史上的优势地位。即使进入 21 世纪，西方文化的强势输入以及在国际上所掌握的话语权都极大地损害了中华优秀文化的自我认知和传播。面临着众多国家将促进产业发展视为经济发展最有效的手段的现实，比如《美国经济中的版权产业》的政策制定，中国近些年来在推动文化创新以及发展文化创意产业发展做出了积极努力，比如颁布了《中国文化产业振兴规划》，以期通过文化创意作品提升中华文化的创新能力和传播能力。文化创意作品可以通过文化知识传播提高影响力，而且会潜移默化地更新人们的思想观念以及提高价值判断能力。随着现代信息技术的发展，高科技与多媒体为文化创意产业的发展提供了重要支撑，而且极大地促进文化产业在形式与内容上的创新，对于传承中华文化的精神遗产以及推动中华文化影响力有重要意义。文化创新既依赖于传统文化力量的继承与发扬，也与多元文化碰撞和融合的外部环境密切相关。文化创意产业作为优秀文化的载体，是对中华文化的现代化继承和现代化阐释，本身就融入了现代化的创新发展元素。除此之外，文化创意产业也通过对异质性文化的吸收，推动文化内容与形式的重新组合从而促进文化创新，而且通过促进国际文化创意交流，提升了创意空间和创新能力。

发展文化创意产业不仅具有一定的经济促进作用，还将加深国际文化交流，增强文化认同感和民族凝聚力，实现中华民族的伟大复兴。发展文化创意产业，通过“和谐”“和睦”“和美”“和顺”“和悦”等的创意发展，既可以加深中华民族的血肉联系，也有助于强化中华文化的弘扬和传承。从产业层面看，发展文化创意产业有助于促进中华文化“走出去”，提高文化国际竞争力。而且中国文化创意产业的发展具有重要的“走出去”的基本优势，关键环节就是对历史文化资源的创意性转化。遗憾的是，《花木兰》《功夫熊猫》中的人物、动物却被创造力强大的好莱坞所开发和利用，潜移默化地影响了人们的思想观念和价值判断，输出了美国的普世文化。相同地，韩国也通过文化影视，形成“韩流”，推广韩国产品和价值理念。未来需要进一步推动中国文化创意产业的发展，实现传统“文化符号”的现代化转化，应用现代高新科技成果，推进国际文化交流、升级传统艺术样式，从而实现文化创新。

随着经济全球化进程的不断加速，全球范围的产业结构、生产方式与国际分工面临着重要调整，文化日渐成为提升区域软实力、获取竞争优势的关键要素。电影、电视、流行音乐、时尚服饰、餐饮、媒体等各种文化创意产业展开博弈和竞争。在国际市场上营销“中华牌”文化创意产品，不仅能够提升制造业和产品附加值，在全球产业分工体系中占据优势地位，而且能够输出中华文化品牌，形成持续的区域竞争优势。随着“一带一路”倡议的不断推进，积极推动人类命运共同体面临着前所未有的机遇和挑战，而发展文化创意产业，在国际市场上推广“中华牌”文化创意产品，进一步挖掘和整合本土文化资源，将丰厚的中华文化遗产转化为世界人民共享的精神财富，在推进世界文明的进程中发挥应有的作用，可以积极促进中国与“一带一路”国家的文化创意产品贸易，而且在此过程中还可以输出中华文化品牌，形成持续的区域竞争优势。

二、推进新旧动能转换，激发创新动力活力

高质量发展要求深入贯彻五大发展理念，其中创新居于首位。创新既是推动新时代新旧动能转换的根本动力，也是高质量发展的应有之义。在知识经济背景下，文化创意产业的核心要素就是文化产业的创新，依赖于现代信息技术以及新技术对文化企业资源的重新整合，通过充分发挥人的主观能动性以及智慧力量，提高整个文化创意行业的产品附加值。尤其是在当前中美贸易摩擦白热化阶段，大力推进文化创意产业发展是应对全球经济停滞的重要政策，以文化创意产业为突破口推动产业结构调整、企业技术创新以及新旧动能转换，有助于培育新的经济增长点以及促进经济高质量发展。大量的实践经验也表明，文化创意产业是应对经济危机的重要依靠力量。比如，金融危机之后，以智力（Intellectual）、文化（Cultural）和教育（Educational）为代表的 ICE 产业，以及包括信息（Information）、创意（Creative）、能源和环境（Energy and Environment）等领域的行业成为促进美国经济复苏的重要文化创意产业支撑力量。

而且对于中国而言，摆脱传统意义上依赖资源投入的低端制造驱动发展，实现从“中国制造”到“中国智造”的历史性转变，其核心就在于创新驱动产业结构的转型升级，而文化创意产业则是促进经济转型的

重要路径之一。一方面，文化创意产业可以在精神层面满足消费者的需求，随着经济的发展以及社会的进步，消费者的需求层次越来越高，消费者往往不再满足于商品本身的使用价值，而更关注商品中的观念价值，即其中的文化要素，赋予传统意义的商品某种独特的“象征意义”，提升其文化附加值，从而满足人们的精神需求和个性化消费，这将会带来巨大的文化创意产业市场。另一方面，文化创意产业所涉及的实物设备及衍生行业，也将与全产业链各个环节融合发展，为产业向全球价值链高端环节赋能，加快实现从制造到创造的新跨越，推动经济转型升级、助力新旧动能转换。

三、推进经济结构调整，促进发展方式转变

新结构经济学认为，经济发展方式的转变不仅包括经济增长，而且包括产业结构、要素投入结构以及需求结构的转变，而每一个时点的产业结构取决于同一时点的资源禀赋结构。也就是说产业结构是内生的。从这个角度来说，文化创意产业的发展不仅具有“创新”“创意”等驱动力，文化创业产业结构也势必会与要素投入结构、需求结构、供给结构以及关联产业结构息息相关，这些都决定了文化创意产业的结构属性。

第一，传统粗放式、资源密集型的产业发展模式，尤其是党的十九大以来，在五大发展理念以及习近平新时代中国特色社会主义思想的指导下，逐渐开始向稳增长、调结构、促进转型的创新驱动经济发展，文化、价值、创新、创意等成为推动经济发展的不可或缺的基本因素，并且以高素质人力资本的投入为重要突破口，优化了要素投入的结构。第二，文化创意发展有助于优化需求结构，传统意义上的经济发展模式依赖的是投资、消费以及出口“三驾马车”，文化创意产品拉动了相关产业的投资，对经济发展有直接的促进作用，而且文化创意产品满足了居民的多元文化需求，提高了文化创意产品的出口比重。尤其是 2019 年中国经济持续下行，中美贸易战持续升温，发力发展文化创意产业，不仅是增加传统制造业附加值的需要，更是刺激内需、转变增长方式、变投资驱动为需求驱动的内在要求。第三，文化创意产业是供给侧结构性改革的要求，有助于提高产业长期发展的动力。文化创意产业的发展优化了多元创新产品的供给，提高了文化、艺术、电影、新媒体等产品的供给质量，优

化了供给结构。第四，文化创意产品提高了现代服务业的比重，有助于实现产业结构的转变，以及推动第一、第二、第三产业之间的协同发展。

四、稳定拓宽就业渠道，缓解就业压力负担

2018 年，中央政治局召开经济座谈会，提出了“六稳”的经济目标，其中排在第一位的就是稳就业，要求通过大力发展服务业增加就业，这是民生保障和社会稳定的重要工作，需要把稳定就业放在更加突出的位置，确保工资、教育、社保等基本民生支出。2019 年以来，中国就业形势一改过去四平八稳的局面变得扑朔迷离，调查失业率两次攀上 5.3%却又很快回落。其中一个重要的影响因素是中美贸易摩擦升级，美国加征关税种类开始逐渐转向劳动密集型行业，对就业存在较大的负面预期效应。此外，我国一方面面对人口基数较大带来的就业难问题，另一方面也面临逐渐消逝的人口红利带来的劳动力市场的改变，这都说明了目前就业问题的复杂性与艰巨性。在此背景下，文化创意发展作为现代服务业的重要组成部分，是吸纳就业以及缓解就业压力的重要渠道，世界各国的经济发展实践已经证实创意产业对就业具有较大的拉升作用；大量的学者研究发现，创意产业与服务业关联较大，具有较大的劳动吸附能力。作为一种新生产业，创意产业也会提供新的工作岗位，如上海为发展创意产业提出的新的 14 种创意工作职位，对缓解当前就业难问题意义重大。

五、加强进口出口合作，缓解中美摩擦冲击

文化创意产业的发展是扩大内需和刺激对外进口的重要屏障。据《日本经济新闻》报道，自 2018 年 7 月美国第一次加征关税至 2019 年 4 月，中国对美国年出口额同比下降 14%，约下降 180 亿美元，相当于中国对美国出口额的 3%不到，而美国年出口额受中国反制影响同比下降 38%，达 230 亿美元，相当于美国对华出口总额的 15%，而其中涉及文化产业的关税影响还比较小。原因在于，中国从美国进口的产品，主要是农产品和天然气，有很多出口替代国，如巴西的大豆、沙特阿拉伯和俄罗斯的石油和天然气，而美国进口的产品很多是工业中间产品和工业品，短期内无替代国可生产。但从长期看，如果贸易战持续下去，则很多原本在中国生产的企业，如部分外企、一些和美国贸易关联的中资企业及

合资企业含上述工业半成品供应链企业，会外迁到其他国家。刘鹤副总理早在2008年出版的《中国经济50人看三十年》一书中写道："我感到了真正的危机，中国要建一道防火墙，这就是真正扩大内需，稳步提高中等收入者比重，不断加强教育，推动城市化的有序发展，使中国成为市场规模巨大的创新型国家。"在当前形势下，通过文化创意产业的发展，一个突出的作用就是扩大就业，提高居民收入，尤其是有助于非公经济和中小企业文化创意产业的发展。

应对中美贸易摩擦，习近平总书记在2019年中国（上海）世界进口博览会（又称"进博会"）上强调，中国的大门只会越开越大，永远不会关闭。在充分展示中华传统优秀文化现代文化创意产品的基础之上，中国也会张开怀抱，积极拥抱世界各国多元文化意蕴下的文化创意产品。比如在进博会上，乌克兰馆力推其创意产业、信息技术；英国馆内，借助新一代AR镜子，观众可与经典动画角色互动，通过新兴VR技术，观众可置身管弦乐队表演"现场"，英国赛博斯坦机器人有限公司开发的高仿真娱乐机器人更是吸睛；泰国旅游公司带来了私人定制游；美国AECOM公司发布了《2018中国主题公园建设报告》。文化贸易中较普通的货物贸易，存在非关税壁垒及技术壁垒，但总体上开放的程度不断提高。进博览会上各个国家展示的基本上都是"经济+文化"两张牌，比如澳大利亚、新西兰、加拿大主打当地传统、有机农业等概念，英国则处处彰显自己作为"创意之都"的创新意识，美国、日本用文化形式展示自己技术方面的领先性。

第四节　国内外文化创意产业发展状况

完善健全的文化产业政策体系，以及优化的市场环境都对文化创意产业的发展起到了关键的作用。政府对文化创意产业的政策支持可以直接给予公众信号，刺激公众的积极性，进而推动文化创意产业的发展。

一、国内外文化产业发展现状

（一）主要国家文化创意发展现状

从世界知识产权组织的最新数据来看，全球文化产业增加值GDP占比排名前十位的国家和地区分别是：美国、韩国、巴西、澳大利亚、中国、新加坡、俄罗斯、加拿大、英国、中国香港，其中中国位居世界第五位。此外，普华永道（PWC）的数据测算表明，文化产业增加值全球排名前五位的是美国、日本、中国、德国、英国，中国居世界第三位。下文将对美国、英国、日本、德国和韩国文化创意产业的发展情况以及发展经验进行介绍。

（1）美国版权产业。在美国，文化创意产业又称为版权产业，由核心版权产业（包括图书、电影、音乐、软件等）、部分版权产业（包括服装、纺织品、珠宝、玩具和游戏等众多产业）、交叉版权产业（包括 CD 播放器、电视机、录像机等相关产品的制造、批发和零售）、版权相关产业（包括销售有版权商品、无版权产品的行业）四大板块组成。据《美国经济中的版权产业：2016 年度报告》数据显示，美国版权产业在 2015 年已经成为美国第一大产业，年产值高达 2.1 万亿美元，GDP 占比达 12%，产值远高于金融、健康与社会保障产业，而且增幅较大，2012～2015 年年平均增长为 4%左右，是美国 GDP 增长率（2.1%）的约 2 倍。与此同时，美国版权业也创造了巨大的就业岗位，为美国贡献了 8%的就业份额，而且在出口产品中，以音乐、电影、软件及报纸四个版权产业为代表的文化创意产业销售额也远远超过制造业及化工生产。

（2）英国创意产业。英国在全球最早提出文化创意产业，相关产业产值在英国占据主导地位。据 2017 年英国纽卡斯尔大学《英国文化创意产业发展的路径和展望》数据显示，英国文化创意产业由广告、建筑设计、艺术和古玩、电子游戏、工艺设计、时尚设计、影视与广播、音乐、表演艺术、出版 13 个行业构成；2012 年，英国文化创意产业产值高达 714 亿英镑，占英国 GDP 总量的 5%左右，同比增长 9.4%。与此同时，英国创意产业为英国创造了 168 万个就业岗位，创造的就业岗位占全部就业岗位的 5.6%。在欧洲，英国创意产业也占据主导席位，其中伦敦市享有欧洲第一大创意产业中心、世界第三大电影摄制中心的声誉，伦敦市贡献了英国创意产业的一半、音乐产值的七成以及出版业总值的四成。

（3）日本动漫产业。动漫产业是日本文化创意产业的主导，在全球有着巨大的影响力。据《日本文化产业发展的特点及启示》，日本在 2015 年文化产业产值就已经贡献了全国 10%的 GDP。据日本动漫协会数据显示，2016 年日本动漫市场规模超过 2 兆日元，年产动漫作品 300 部以上，其中 Kitty 猫、哆啦 A 梦、柯南等动漫形象深入人心。从全球视野来看，日本是全球最大的动漫创作和输出国，全球六成以上的动漫作品均来自日本，在欧洲这一比例高达八成；日本在全球超过 120 个国家和地区的电视节目市场占有一席之地，掌握了全球 6%的票房、2%的唱片以及 8%的电视节目主导权。

（4）德国文化创意经济。德国文化与创意经济主要涵盖音乐、图书、电影、广播电视、设计、新闻出版、广告、软件与电子游戏产业等 11 个领域。据欧洲经济研究中心（ZEW）的监管数据显示，2016 年德国文化创意经济产值为 988 亿欧元，成为仅次于机械制造业的第二大产业。

（5）韩国内容产业。韩国内容产业是指制造、开发、包装和销售信息产品及服务的产业，包括出版、动漫、音乐、电影、游戏、信息服务等 11 个领域。相关数据表明，2016 年韩国内容产业国内销售额为 105. 7 万亿韩元，增幅为 5%，远高于 2. 8%的经济增速；游戏、卡通、知识信息和音乐是韩国文化产业出口的重点，2016 年出口额达 62. 1 亿美元，同比增长 9. 7%，其中，游戏产业、卡通产业、知识信息以及音乐产业出口额分别是 34. 5 亿美元、6 亿美元、5. 8 亿美元以及 4. 5 亿美元，同比增长速度分别是 7%、7. 3%、11. 1%以及 18. 7%；游戏产业出口额占总出口的一半以上，知识信息出口以及音乐产业出口增速超过两位数。

（二）中国城市文化创意发展现状

据智研咨询《2017~2022 年中国文化创意产业园行业市场深度调研及投资前景分析报告》，中国已经形成了环渤海（北京）、长三角（上海、南京、杭州和苏州）、珠三角（广州和深圳）、滇海（昆明、大理和丽江）、川陕（西安、成都和重庆）以及中部（武汉、长沙）六大文化创意产业集群。对创意产业集群的主导城市进行分析有助于明确国内文化创意发展的空间格局，具体来看：

（1）北京文化创意产业成为经济增长的主导产业。据《北京文化创意产业发展白皮书（2017）》相关数据显示，2016 年北京文化创意产业增加值为 3581. 1 亿元，比上年增长 10. 1%，占 GDP 的比重为 14. 0%，比上年提高 0. 3 个百分点；2017 年北京规模以上文化创意企业实现收入 16196. 3 亿元，同比增长 10. 8%，其中以软件和信息技术服务（7015. 8

亿元）、广告及会展服务（1998.1 亿元）、文化休闲娱乐服务（1051.6 亿元）等为主的文化服务业占比超过七成。

（2）上海“互联网+”新兴文化产业增长较快。《2016 年上海文化产业发展报告》显示，2015 年上海文化产业增加值为 1632.7 亿元，同比增长 8.1%；文化产业增加值占 GDP 的比重为 6.5%，同比增长 0.57 个百分点。分领域看，文化创意和设计服务业、文化信息传输服务业分别实现增加值 789.4 亿元、208.5 亿元，占上海文化产业增加值的比重分别为 48.3%、12.8%。在传统的文化领域，如新闻出版服务、文化艺术服务、文化休闲娱乐服务和文化用品生产等领域，不仅规模偏低，且增幅均低于平均水平。

（3）深圳“文化+”产业深度融合。数据显示，2017 年深圳文化创意产业增加值为 2243.95 亿元，同比增长 14.5%，占 GDP 比重为 10%，文化创意产业增加值在深圳七大战略性新兴产业中居第二位。深圳拥有腾讯、华侨城 A 和冰川网络等 40 余家上市文化企业，逐步形成了“文化+科技”“文化+创意”“文化+旅游”“文化+金融”等产业融合新业态。例如，在“文化+科技”方面，培育出腾讯、华强方特、迅雷、雅昌、环球数码、盛讯达等一批行业领军企业；在“文化+创意”方面，通过对传统产业注入文化元素，培育了全国十大女装品牌企业中的六家，汇聚了建艺装饰、文科园林、亚泰国际、珂莱蒂尔、华视传媒等一批建筑、景观、服装、设计等行业的领军上市企业。

（4）杭州数字内容产业是亮点。数据显示，2017 年杭州文创产业增加值为 3041 亿元，同比增长 19%，占 GDP 的比重为 24.2%。其中，数字内容产业实现增加值 1870 亿元，同比增长 28.5%，实现了连续 12 个季度增速超过 28%的高位运行；数字内容产业增加值占文创产业总规模的 61.5%，占 GDP 的 14.9%。

二、中国文化创意产业发展特征

（一）文化创意产业规模及比重

2004~2017 年，中国文化创意产业增加值从 3440 亿元增加到 34722 亿元，增长了近 10 倍，由 2.13%增加到 4.20%，而且 2012 年的增长幅度比较明显，原因是 2012 年国家统计局执行了新的统计标准；文化创意产业法人单位数从 31.79 万个增加到 139.83 万个，增长了 3 倍，这意味着中国文化创意产业发展迅速，法人单位数以及产业增加值都呈现出几何级数的增长（见表 1-4）。以上数据表明，文化及相关产业的增加值比率也显著高于当年的经济增长速度，已经成为中国经济增长的重要驱动力。

表 1-4 2004~2017 年中国文化及相关产业增加值及占 GDP 比重

年份	文化及相关产业增加值（亿元）	占 GDP 比重（%）	文化及相关产业增加值增长率（%）	全国 GDP 增长率（%）
2004	3440	2.13	—	10.11
2005	4253	2.27	23.63	11.40
2006	5123	2.33	20.46	12.72
2007	6455	2.39	26.00	14.23
2008	7630	2.39	18.20	9.65
2009	8786	2.52	15.15	9.40
2010	11052	2.68	25.79	10.64
2011	13479	2.75	21.96	9.55
2012	18071	3.34	34.07	7.86
2013	21870	3.67	21.02	7.77
2014	24538	3.81	12.20	7.30
2015	27235	3.95	10.99	6.91
2016	30785	4.14	13.03	6.74
2017	34722	4.20	12.79	6.76

注：①2004~2011 年按《文化及相关产业分类（2004）》测算，2012~2016 年按《文化及相关产业分类（2012）》测算，2017 年按《文化及相关产业分类（2018）》测算；②在“占 GDP 比重”计算中，2004~2016 年使用的 GDP 是最终核实数，2017 年使用的是初步核算数。

此外，就法人单位结构而言，在文化制造业、文化批发和零售业、文化服务业中，文化服务业法人单位数在历年都处于主导地位，2017 年三者比重分别为 12.83%、12.49%和 74.67%（见表 1-5），而且文化服务业单位数呈现不断增加的趋势；就法人单位增加值结构而言，文化服务业增加值同样占主导地位，2017 年制造业、文化批发和零售业、文化服务业增加值的比例分别是34.8%、9.6%以及55.6%，从构成比例来看，文化制造业比例有所下降，而文化批发零售业和文化服务业比例在波动中呈现上升趋势（见表1-6）。

表1-5　文化及相关产业法人单位

年份	法人单位数（万个）	文化制造业法人单位数（万个）	占比（%）	文化批发和零售业法人单位数（万个）	占比（%）	文化服务业法人单位数（万个）	占比（%）
2004	31.79	6.89	21.67	5.11	16.07	19.79	62.25
2008	46.08	8.88	19.27	5.53	12.00	31.66	68.71
2012	66.30	13.30	20.06	11.34	17.10	41.66	62.84
2013	91.85	16.25	17.69	13.99	15.23	61.61	67.08
2014	99.62	17.26	17.33	15.28	15.34	67.08	67.33
2015	114.03	19.16	16.80	17.73	15.55	77.14	67.65
2016	130.02	18.33	14.10	16.77	12.90	94.92	73.00
2017	139.83	17.95	12.83	17.47	12.49	104.42	74.67

表1-6　文化及相关产业增加值及构成

年份	文化及相关产业增加值（亿元）	构成（亿元）			构成比例（%）		
		制造业	文化批发和零售业	服务业	制造业	文化批发和零售业	服务业
2004	3102	1481	328	1293	47.7	10.6	41.7
2008	7166	2945	527	3695	41.1	7.4	51.5
2009	8786	3555	522	4709	40.5	5.9	53.6
2010	11052	4391	638	6023	39.7	5.8	54.5
2011	13479	5123	725	7631	38	5.4	56.6
2012	18071	7253	1187	9631	40.1	6.6	53.3
2013	21870	9418	2146	10307	43.1	9.8	47.1
2014	24538	10201	2386	11952	41.6	9.7	48.7
2015	27235	11053	2542	13640	40.6	9.3	50.1

续表

年份	文化及相关产业增加值（亿元）	构成（亿元）			构成比例（%）		
		制造业	文化批发和零售业	服务业	制造业	文化批发和零售业	服务业
2016	30785	11889	2872	16024	38.6	9.3	52.1
2017	34722	12094	3328	19300	34.8	9.6	55.6

（二）文化创意产业集聚水平

区位商（Location Quotient，LQ）反映了区域要素与产业的空间分布，是评价产业集聚以及产业的区域优势地位的重要方法。若 $LQ>1$，则表明本地区产业集聚水平超过总体水平，属于地区专业化部门；若 $LQ<1$，则表明本地区产业专业化水平低于全国平均水平，属于地区非专业化部门；若 $LQ=1$，则表明地区产业专业化水平与总体相当。计算公式如下：

$$LQ_{ij}=\frac{x_{ij}/\sum_{i}x_{ij}}{\sum_{j}x_{ij}/\sum_{j}\sum_{i}x_{ij}} \tag{1-1}$$

其中，x_{ij} 代表地区 j 产业 i 的某个经济指标，$\sum_{i}x_{ij}$ 代表地区 j 所有产业相应指标的总和，$\sum_{j}x_{ij}$ 代表产业 i 所有地区指标的加总之和，$\sum_{j}\sum_{i}x_{ij}$ 代表所有地区所有产业的加总之和。

本书采用国家统计局《文化及相关产业（2012）》的标准，对 2017 年全国 31 个省份的文化创意产业区位商进行计算，并以各省区市文化产业产值占全国的比值作为权重进行修正，结果如表 1-7 所示。

表 1-7 中国各省份文化创意产业集聚水平比较

省份	区位商	排名	省份	区位商	排名
北京	0.922	1	湖北	0.024	12
天津	0.020	17	湖南	0.025	10
河北	0.021	15	广东	0.115	3
山西	0.027	8	广西	0.011	25

续表

省份	区位商	排名	省份	区位商	排名
内蒙古	0.019	18	海南	0.005	28
辽宁	0.042	6	重庆	0.014	23
吉林	0.025	11	四川	0.021	16
黑龙江	0.022	14	贵州	0.005	27
上海	0.174	2	云南	0.015	21
江苏	0.048	5	西藏	0.002	31
浙江	0.076	4	陕西	0.038	7
安徽	0.013	24	甘肃	0.010	26
福建	0.026	9	青海	0.004	29
江西	0.015	22	宁夏	0.003	30
山东	0.024	13	新疆	0.017	19
河南	0.016	20			

数据显示，2017 年我国文化创意产业排在前十名的省区市分别是：北京、上海、广东、浙江、江苏、辽宁、陕西、山西、福建、湖南，排在后五名的是贵州、海南、青海、宁夏、西藏。可见，文化创意行业的地区专业化程度与经济发达程度的空间分布基本一致。湖南居全国第十位，与其他东南沿海地区相比，湖南的文化创意产业集聚水平在内地具有一定的专业化分工优势，但还存在一定的差距。

三、国家层面政策体系梳理

2006 年，国家“十一五”规划提出要积极发展文化事业和文化产业，创造更多更好适应人民群众需求的优秀文化产品，也确定了依靠文化创意产业调整经济结构的方针。党的十七届六中全会提出要将我国建设成为社会主义文化强国。之后，国家也越来越重视文化创意产业的发展。

2011 年，国家“十二五”规划提出文化创意产业要在促进经济结构调整以及转变经济发展方式中占据主导地位，也体现了中央对文化创意产业的重视程度。党的十八届五中全会也提出：“构建中华优秀传统文化传承体系，加强文化遗产保护，振兴传统工艺。”

2013 年，党的十八届三中全会通过《中共中央关于全面深化改革若干重大问题的决定》，提出文化创意产业是一种在经济全球化背景下产生的、以创造力为核心的新兴产业，强调一种主体文化或文化因素依靠个人（团队）通过技术、创意和产业化的方式开发、营销知识产权的行业。大力发展文化创意产业，要以观念创新为先导、以提高产业竞争力为目标、以体制和机制创新为突破口、以政策为导向、以园区为载体、以人才为支撑、以公共服务平台建设为依托、以环境塑造为保障，推进文化体制机制创新。

2014 年 3 月 14 日，国务院印发了《国务院关于推进文化创意和设计服务与相关产业融合发展的若干意见》（国发〔2014〕10 号），提出要增强创新动力；强化人才培养；加大财税支持；加强金融服务等。

2014 年 3 月 17 日，国务院印发了《关于加快发展对外文化贸易的意见》（国发〔2014〕13 号），该意见出台的政策包括明确支持重点、加大财税支持、强化金融服务，完善服务保障等。

2015 年 5 月 11 日，国务院办公厅转发文化部等部门颁布了《关于做好政府向社会力量购买公共文化服务工作意见的通知》（国办发〔2015〕37 号），提出要积极有序推进政府向社会力量购买公共文化服务工作，营造政府向社会力量购买公共文化服务的良好环境。

2015 年 10 月 8 日，国务院办公厅印发《关于推进基层综合性文化服务中心建设的指导意见》（国办发〔2015〕74 号），提出要加强基层综合性文化服务中心建设；明确功能定位；丰富服务内容和方式以及创新基层公共文化运行管理机制。

2016 年，国家“十三五”规划强调要加快发展现代文化产业，推进文化事业和文化产业双轮驱动，为全体人民提供昂扬向上、多姿多彩的精神食粮。

2016 年 5 月 16 日，国务院办公厅转发文化部等部门颁布了《关于推动文化文物单位文化创意产品开发若干意见的通知》（国办发〔2016〕36 号），提出要推动体制机制创新，稳步推进试点工作；落实完善支持政策；加强支撑平台建设以及强化人才培养和扶持。

2017 年，党的十九大报告指出，文化建设是中国特色社会主义“五位一体”总体布局的重要内容，文化体制改革是我国全方位改革事业的重要组成部分，指出尽管近年来我国文化产业增加值增速不断加快，但是品质不高、文化创意含量不足、文化精品匮乏等问题仍然存在，要进一步扩大有效供给，提升供给水平，加快文化产业加快转型升级，为供给侧结构性改革提质增效。

2017 年，中共中央办公厅、国务院办公厅印发了《关于实施中华优秀传统文化传承发展工程的意见》，提出深入阐发文化精髓、贯穿国民教育始终、保护传承文化遗产、滋养文艺创作、融入生产生活、加大宣传教育力度以及推动中外文化交流互鉴等任务。

2018 年 12 月 15 日，国务院办公厅发布了《关于印发文化体制改革中经营性文化事业单位转制为企业和进一步支持文化企业发展两个规定的通知》（国办发〔2018〕124 号），从财政税收的政策、投资和融资的政策以及资产和土地处置的政策提出了支持文化企业发展的思路。

专栏 1-1 “十三五”期间文化创意产业高质量发展九大路径

2017 年出台的《文化部“十三五”时期文化产业发展规划》（以下简称《规划》），从文化创意产业供给侧结构性改革出发，提出了文化创意产业高质量发展的九个路径。

一是推进“文化+”和“互联网+”战略，促进互联网等高新科技在文化创作、生产、传播、消费等各环节的应用，推动文化产业与制造、建筑、设计、信息、旅游、农业、体育、健康等相关产业融合发展。

二是以“一带一路”建设、京津冀协同发展、长江经济带发展为引领，引导各地根据资源禀赋和功能定位，走特色化、差异化发展之路，充分发挥文化产业在脱贫攻坚战略中的积极作用，推动形成文化产业优势互补、相互协调、联动发展的布局体系。

三是进一步完善文化市场准入和退出机制，培育和壮大各类文化市场主体，鼓励各类市场主体公平竞争、优胜劣汰，推动形成不同所有制文化企业共同发展、大中小微文化企业相互促进的文化产业格局。

四是扎实推进文化领域供给侧结构性改革，以创新供给带动需求扩展，创新文化产品和服务供给方式，优化文化产品和服务供给结构，提升文化产品和服务供给质量，扩大文化产品和服务的有效供给，满足人民群众日益增长、不断升级和个性化的精神文化需求。

五是适应和引领个性化、多样化的文化消费发展趋势，稳步推进引导城乡居民扩大文化消费试点工作，改善文化消费条件，释放文化消费需求，挖掘文化消费潜力，建立扩大和引导文化消费的长效机制。

六是进一步拓宽社会资本投资的领域和范围，激发社会投资活力，健全多层次、多元化、多渠道的文化产业投融资体系，完善金融支持文化产业发展的相关机制，着力解决金融服务有效供给与文化产业发展实际需求间的矛盾。

七是建立健全以企业为主体、市场为导向、产学研相结合的文化技术创新体系，加强文化产业领域重大科技创新，着力推进新一代信息技术在文化产业领域的集成与应用。

八是进一步完善文化产品和要素市场建设，加强文化产品流通体系建设，建立健全文化市场监管体系，深化文化市场综合执法改革，加强知识产权保护利用，规范市场秩序，维护文化安全，加快构建统一开放、竞争有序、诚信守法、监管有力的现代文化市场体系。

九是按照国家构建开放型经济体制的总体要求，深度参与国际文化产业分工协作，研究制定和落实对外文化贸易相关政策措施，加快我国优秀文化产品、服务和文化企业“走出去”步伐，提升我国文化产业国际竞争力，构建互利共赢的文化产业国际交流合作新格局。

《规划》明确了要重点发展的文化产业，即要促进演艺、娱乐、动漫、游戏、创意设计、网络文化、文化旅游、艺术品、工艺美术、文化会展、文化装备制造等行业全面协调发展，以重点行业的跨越式发展助推文化产业成为国民经济支柱性产业。

最后，《规划》还提出了加快推进文化治理体系和治理能力现代化的主要保障措施，包括创新文化产业发展的体制机制，进一步完善文化产业政策法规体系，加快文化产业促进法立法进程，落实完善文化经济政策，强化人才支撑，优化公共服务，加强统计应用等。

第二章

湖南省文化创意产业发展状况与建议

第一节　湖南省文化创意产业发展特征

一、产业持续增加，GDP 占比不断提升

经初步核算，2017 年湖南省文化和创意产业实现增加值 2112.08 亿元，首次迈上 2000 亿元新阶段，比上年增长 10.51%（未扣除价格因素影响，下同），对 GDP 增量的贡献达 7%。文化和创意产业增加值占 GDP 的比重为 6.23%，比上年提高 0.04 个百分点（见表 2-1 和图 2-1）。除此之外，文化和创意产业增速明显高于同期经济发展，进一步强化了对经济发展的拉动作用。

表 2-1　湖南省文化创意产业增加值及 GDP 占比

年份	GDP（亿元）	GDP 增长率（%）	文化创意产业增加值（亿元）	文化创意产业增长率（%）	文化创意产业占 GDP 比重（%）
2006	7722.34	12.72	205.9461881	—	2.67
2007	9454.44	14.23	275.4432	33.75	2.91
2008	11550.48	9.65	344	24.89	2.98
2009	13043.86	9.40	458.2634	33.22	3.51
2010	15978.00	10.64	545.185	18.97	3.41
2011	19558.30	9.55	664.6792	21.92	3.40
2012	22005.21	7.86	781.5571	17.58	3.55
2013	24437.54	7.77	1354.2346	73.27	5.54

续表

年份	GDP（亿元）	GDP 增长率（%）	文化创意产业增加值（亿元）	文化创意产业增长率（%）	文化创意产业占 GDP 比重（%）
2014	26807.93	7.30	1513.8646	11.79	5.65
2015	28589.04	6.91	1707.1807	12.77	5.97
2016	30888.57	6.74	1911.2635	11.95	6.19
2017	33902.96	6.76	2112.0805	10.51	6.23

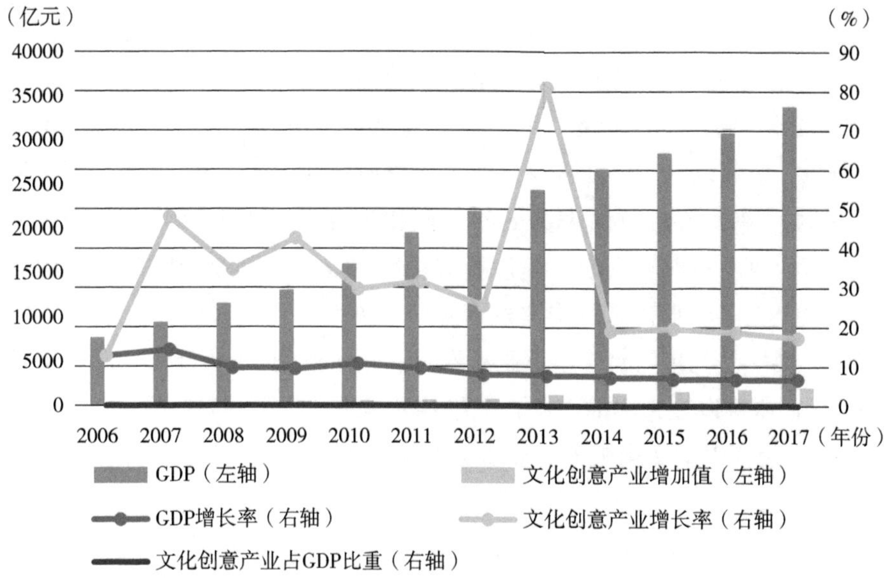

图 2-1 湖南各省文化创意产业增加值及 GDP 占比

二、企业规模不断提升，经营绩效显著改观

“十二五”期间，湖南省文化创意产业大而不强，尤其是以文化服务业经营主体最为突出。从单位数量看，文化服务业是湖南文化和创意产业的主体，2014 年国家认定湖南省文化服务业法人单位数 31125 家，占全部法人单位的 75.8%。但是从骨干企业数据看，但国家认定的全省规模以上文化服务业企业 565 家，比重仅为 1.8%，比全国平均水平低 0.9 个百分点，文化服务业骨干单位数量偏少。从规模以上服务业企业单位规模看，湖南规模以上文化服务业企业平均营业收入为 6108 万元，比全

国平均水平（9231 万元）少 3123 万元。与位列全国规模以上服务业企业单位规模前五位的上海市（20472 万元）、北京市（14220 万元）、浙江省（13230 万元）、天津市（12911 万元）和广东省（10035 万元）等发达省市相比差距较大。

随着政府政策的支持，简政放权和营改增等供给侧结构性改革稳步推进，市场主体的潜力和活力得到有效激发，企业经营规模稳步扩张。文化创意企业规模与经营绩效都有不同程度的提升，2016 年上半年，对湖南省 2477 家规模以上文化及相关产业企业的调查中发现，湖南省文化创意产业中企业经营规模开始扩张发力。一方面，企业资产实现较快增长。2016 年上半年，湖南省规模以上文化制造业企业平均资产规模达到 8758 万元，同比增长 14%；平均资产负债率为 38.8%，同比下降 2.1 个百分点。限额以上文化批零业企业平均资产规模达到 7591 万元，同比增长 9.9%；平均资产负债率为 64%，同比下降了 2.1 个百分点。另一方面，营业收入实现较快增长。包括文化制造业、批零业和服务业在内的规模以上文化产业企业平均实现营业收入 6871 万元，同比增长 12.2%。其中，规模以上文化制造业企业平均营业收入达到 9319 万元，同比增长 11.8%。限额以上文化批零业企业平均营业收入达到 4337 万元，同比增长 9%。规模以上文化服务业企业平均营业收入达到 3460 万元，同比增长 16.6%。

三、文化服务行业占主导，文化设备生产增速放缓

（一）九大类行业增加值及趋势分析

基于国家统计局《文化及相关产业分类（2004）》的标准，下文将对 2006~2012 年湖南省文化创意产业的结构组成比例以及变化趋势进行分析。如表 2-2 和图 2-2 所示，总体而言，在新闻服务，出版发行和版权服务，广播、电视、电影服务，文化艺术服务，网络文化服务，文化休闲娱乐服务，其他文化服务，文化用品，设备及相关文化产品的生产，文化用品、设备及相关文化产品的销售九大行业中，文化创意产业总值从 2006 年的 337.9 亿元增加到了 2012 年的 1175.8 亿元，年均增幅为 23.10%，增长速度较快。上述行业平均增长率依次为 83.10%、22.05%、18.28%、33.19%、24.33%、20.91%、33.96%、18.21%和 14.14%，其

中平均增幅最快的行业是新闻服务业（83.10%），但其增加值仅为6.9亿元，与其他行业相比偏低；增加值较高的有文化休闲娱乐服务，以及文化用品、设备及相关文化产品的生产，2012年增加值分别达到了320.7亿元和281.5亿元；增幅相对较慢的行业为文化用品、设备及相关文化产品的生产，以及文化用品、设备及相关文化产品的销售行业，意味着文化创意产业不断向文化服务行业转型。

表2-2 2006~2012年湖南省文化创意产业九大类行业增加值及趋势

行业增加值（亿元）	2006年	2007年	2009年	2010年	2011年	2012年	平均增长率（%）
新闻服务	0.1	0.1	4.8	5.9	6.2	6.9	83.10
出版发行和版权服务	62.1	76.6	85.6	109.5	140.4	168.2	22.05
广播、电视、电影服务	33.5	46.3	69.5	83.6	100.6	108.5	18.28
文化艺术服务	5.3	7.2	24.1	26.3	32.8	39.4	33.19
网络文化服务	5.4	12.7	15.0	16.7	20.0	24.8	24.33
文化休闲娱乐服务	84.9	115.2	171.8	212.9	269.6	320.7	20.91
其他文化服务	14.6	17.4	87.4	90.4	95.2	113.0	33.96
文化用品、设备及相关文化产品的生产	87.3	115.9	156.2	193.4	244.5	281.5	18.21
文化用品、设备及相关文化产品的销售	44.7	54.9	67.7	89.0	104.7	112.8	14.14
总计	337.9	446.2	682.2	827.6	1014.0	1175.8	19.50

注：2008年数据缺失，余同。

资料来源：湖南省历年统计年鉴。

（二）产业结构变化趋势分析——二十四类行业

结构上，版权服务行业平均增长率达79.91%，是出版发行和版权服务增加值快速增长15.3%的重要驱动因素。虽然增速较快，但版权服务行业总体产值水平偏低，仅从2006年的0.1亿元增加到2012年的6.1亿元。在广播、电视、电影服务行业，广播、电视服务，广播、电视传输，电影服务等行业平均增长率在18%左右，也呈现快速增长的态势。在文

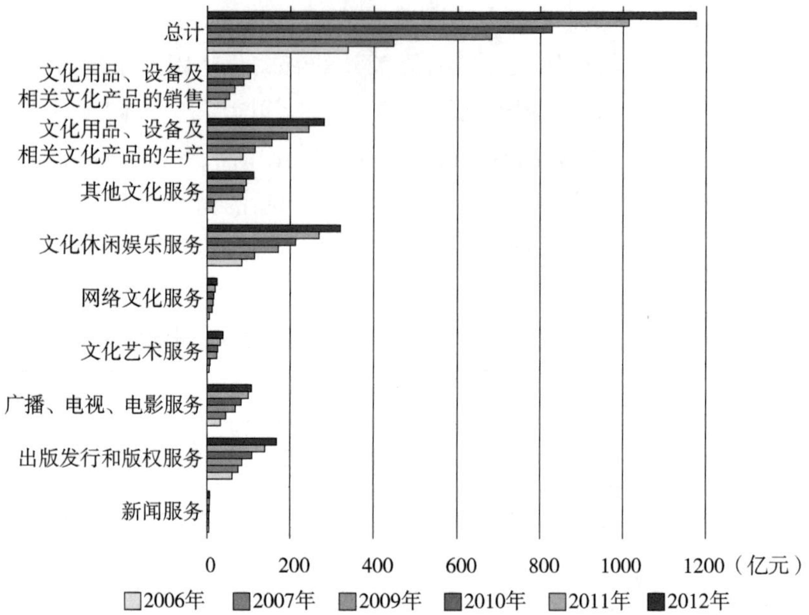

图 2-2　2006~2012 年湖南省文化创意产业九大类行业增加值及趋势

化艺术服务行业，文艺创作、表演及演出场所行业平均增长率高达 44.97%，增长率高于文化艺术服务业（33.19%），是行业快速增长的重要组成部分。相比于文化服务行业的高速增长，包括文化用品、设备及相关文化产品的生产，文化用品、设备及相关文化产品的销售等行业的增速相对较低。文化用品生产、文化用品销售和文化设备销售行业的平均增长率分别是 13.11%、12.08%和 14.11%，而文化设备生产增速较快，平均增长率达到了 32.05%（见表 2-3）。总体上，湖南省文化创意产业细分行业增加值基本呈现了较大幅度的增加，而且平均增长率水平也较高，这与湖南省对于文化创意产业的一系列支持政策密不可分，文化创意产业已经成为湖南省经济持续高质量增长的重要驱动力。

表 2-3　2006~2012 年湖南省文化创意产业二十四类行业增加值及结构趋势

行业增加值（亿元）	2006 年	2007 年	2009 年	2010 年	2011 年	2012 年	平均增长率（%）
文化服务	205.9	275.4	458.3	545.2	664.7	781.6	20.99

续表

行业增加值（亿元）	2006 年	2007 年	2009 年	2010 年	2011 年	2012 年	平均增长率（%）
新闻服务	0.1	0.1	4.8	5.9	6.2	6.9	83.10
新闻服务	0.1	0.1	4.8	5.9	6.2	6.9	83.10
出版发行和版权服务	62.1	76.6	85.6	109.5	140.4	168.2	15.30
书、报、刊出版发行	60.3	74.1	80.1	102.6	130.0	155.8	14.52
音像及电子出版物出版发行	1.7	2.3	3.6	3.8	5.2	6.4	20.85
版权服务	0.1	0.1	1.9	3.1	5.3	6.1	79.91
广播、电视、电影服务	33.5	46.3	69.5	83.6	100.6	108.5	18.28
广播、电视服务	21.6	29.3	41.4	52.0	62.5	64.9	17.02
广播、电视传输	8.4	13.5	22.2	24.7	29.1	32.3	21.22
电影服务	3.4	3.5	5.8	6.9	9.0	11.3	18.72
文化艺术服务	5.3	7.2	24.1	26.3	32.8	39.4	33.19
文艺创作、表演及演出场所	1.1	1.5	7.5	9.2	12.7	14.8	44.97
文化保护和文化设施服务	2.4	3.1	5.5	6.4	7.6	9.0	20.78
群众文化服务	0.8	1.4	2.5	2.9	3.4	4.3	27.16
文化研究与文化社团服务	0.7	0.8	2.3	2.1	2.3	2.7	21.27
其他文化艺术服务	0.3	0.3	6.3	5.6	6.8	8.7	61.78
网络文化服务	5.4	12.7	15.0	16.7	20.0	24.8	24.33
互联网信息服务	5.4	12.7	15.0	16.7	20.0	24.8	24.33
文化休闲娱乐服务	84.9	115.2	171.8	212.9	269.6	320.7	20.91
旅游文化服务	18.0	24.5	46.6	57.4	77.8	89.0	25.65
娱乐文化服务	67.0	90.7	125.2	155.5	191.8	231.6	19.39
其他文化服务	14.6	17.4	87.4	90.4	95.2	113.0	33.96
文化艺术商务代理服务	1.0	1.3	17.6	19.5	20.7	22.4	55.92
文化产品出租与拍卖服务	3.9	4.4	35.3	31.0	27.5	29.6	33.58
广告和会展文化服务	9.8	11.7	34.5	40.0	47.0	61.1	29.88
相关文化服务	131.9	170.8	223.9	282.4	349.3	394.2	16.93
文化用品、设备及相关文化产品的生产	87.3	115.9	156.2	193.4	244.5	281.5	18.21

续表

行业增加值（亿元）	2006 年	2007 年	2009 年	2010 年	2011 年	2012 年	平均增长率（%）
文化用品生产	45.3	58.2	66.3	86.3	100.8	107.3	13.11
文化设备生产	1.8	3.1	6.8	8.9	10.6	12.6	32.05
相关文化产品生产	40.2	54.7	83.2	98.2	133.1	161.5	21.98
文化用品、设备及相关文化产品的销售	44.7	54.9	67.7	89.0	104.7	112.8	14.14
文化用品销售	10.8	13.2	16.8	19.1	22.9	24.0	12.08
文化设备销售	32.0	39.4	46.9	64.2	75.3	80.6	14.11
相关文化产品销售	1.9	2.2	4.0	5.6	6.5	8.1	23.02
总计	337.9	446.2	682.2	827.6	1014.0	1175.8	19.50

（三）产业结构变化趋势分析——十大类行业

基于国家统计局《文化及相关产业分类（2012）》的标准，下文将对2013~2017年湖南省文化创意产业的结构组成比例以及变化趋势进行分析。如表2-4和图2-3所示，总体而言，在新闻出版发行服务、广播电视电影服务、文化艺术服务、文化信息传输服务、文化创意和设计服务、文化休闲娱乐服务、工艺美术品的生产、文化产品生产的辅助生产、文化用品的生产、文化专用设备的生产十大行业，文化创意产业产值从2013年的1354.2亿元增加到2017年的2112.1亿元，年均增长率高达9.30%，与2006~2012年的年均增幅（19.5%）相比有所下降，这主要与文化创意产业的统计标准调整有关。上述文化创意行业平均增长率依次为3.86%、10.26%、20.12%、13.44%、12.48%、23.25%、11.14%、3.30%、5.73%和4.84%。其中，平均增幅最快的行业是文化休闲娱乐服务行业（23.25%），而且产值较高，仅次于文化用品的生产。此外，增速较快的行业还有文化艺术服务和文化信息传输服务，增速较慢的行业则包括新闻出版发行服务、文化产品生产的辅助生产、文化用品的生产以及文化专用设备的生产，年均增速不到10%。

表 2-4 2013~2017 年湖南省文化创意产业十大类行业增加值及趋势分析

行业增加值（亿元）	2013 年	2014 年	2015 年	2016 年	2017 年	平均增长率（%）
总计	1354.2	1513.9	1707.2	1911.3	2112.1	9.30
新闻出版发行服务	50.3	47.6	44.7	52.0	60.8	3.86
广播电视电影服务	57.0	78.1	93.8	76.0	92.9	10.26
文化艺术服务	42.3	49.0	59.2	74.8	105.8	20.12
文化信息传输服务	46.1	48.8	50.3	64.0	86.6	13.44
文化创意和设计服务	118.2	120.9	138.2	164.3	212.8	12.48
文化休闲娱乐服务	113.0	133.5	162.6	213.2	321.4	23.25
工艺美术品的生产	81.9	98.8	122.8	130.3	138.9	11.14
文化产品生产的辅助生产	159.8	153.9	168.5	193.1	188.0	3.30
文化用品的生产	666.3	764.1	839.8	914.5	880.2	5.73
文化专用设备的生产	19.5	19.3	27.2	29.0	24.7	4.84

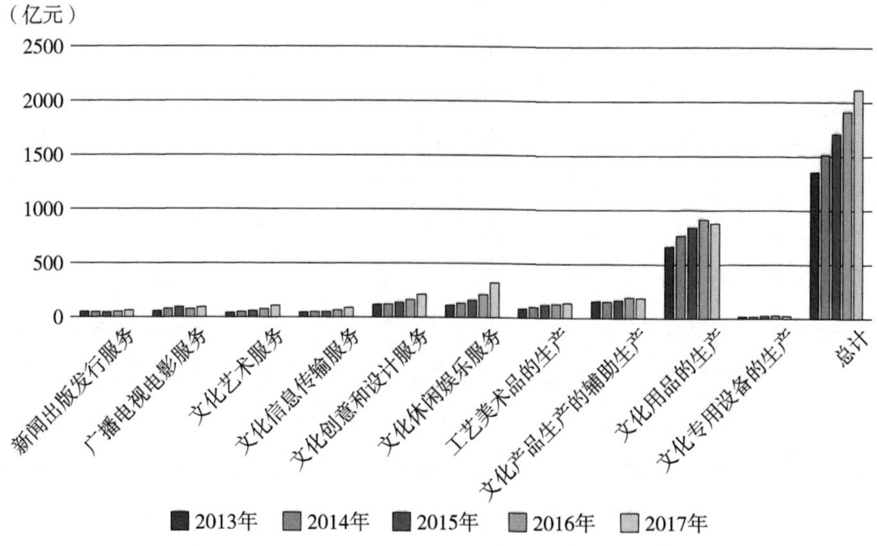

图 2-3 2013~2017 年湖南省文化创意产业十大类行业增加值及趋势

据 2016 年湖南省统计局对文化及相关产业 2477 家企业的调查数据显示，2016 年上半年，相关调查企业总产出 1684.15 亿元，同比增长

10.7%，其中文化服务业总产出增长16.3%，增速最快，比文化制造业和文化批零业分别快6.5个和10.4个百分点，超过全部规模以上文化产业总产出增速5.6个百分点。从构成文化产业的十大类别看，以文化服务业为主体的文化休闲娱乐服务、文化艺术服务和以“互联网+”为主要形式的文化信息传输服务均实现快速增长，增速分别为42.6%、34.6%和24.6%，分列十大类的第一位、第三位和第四位，而文化专用设备的生产总产出增长41.2%，居第二位。

2017年第一季度，湖南省统计局对2905家文化及创意产业企业进行了调查，就三大行业而言，文化制造业实现营业收入681.6亿元，增长16.3%；文化批零业实现营业收入77.93亿元，增长11.5%；文化服务业实现营业收入130.44亿元，增长5.1%；从文化产业十大类别看，除广播电视电影服务业营业收入小幅减少（下降2.5%）外，其余行业均保持增长。其中，增速高于平均水平（14.1%）的四大类别分别为：文化艺术服务业实现营业收入3.27亿元、增长58.6%；文化休闲娱乐服务业实现营业收入6.22亿元、增长26.7%；以“互联网+”为主要形式的文化信息传输服务业实现营业收入17.58亿元、增长25.6%；文化用品的生产实现营业收入539.98亿元、增长17.5%。

（四）产业结构变化趋势分析——50类行业（国标2012）

如表2-5所示，结构上，新闻出版发行服务中，新闻服务平均增长率高达21.06%，是其快速增长的重要驱动力，而发行服务增长率水平则低于总体水平；广播电视电影服务的增长主要来自电影和影视录音服务，而非广播电视服务；文化艺术服务总体增长率较高，而且其细分行业的平均增长率均在20%左右。在文化信息传输服务中，互联网信息服务的增速占据主导地位。在文化创意和设计服务中，除了文化软件服务之外，其他行业的平均增速保持在10%左右；文化休闲娱乐服务总体增长率水平较高，而且其细分行业中景区游览服务、娱乐休闲服务以及摄影扩印服务平均增速均在20%左右。在工艺美术品的生产中，园林、陈设艺术及其他陶瓷制品的制造增长率低于总体水平。文化相关产品的生产增速较低，仅为5.26%，其中，文化产品生产的辅助生产、文化用品的生产以及文化专用设备的生产的增速水平相当，与平均增速基本一致。在文化产品生产的辅助生产中，文化经纪代理服务、文化贸易代理与拍卖服务、文化出租服务平均增速水平较高，传统的印刷复制服务基本没有太大增长；在文化用品的生产中，大多数行业几乎没有增长，甚至增速为负，如办公用品的制造，乐器的制造，视听设备的制造，焰火、鞭炮产品的制造，文化用纸的制造，文化用油墨颜料的制造等。在文化专用设备的生产中，广播电视电影专用设备的制造、舞台照明设备的批发的增长率较高。同样，这意味着湖南省文化创意产业细分行业增加值基本呈现了较大幅度的增加，而且平均增长率水平也较高，这与湖南省出台的一系列支持文化创意产业发展的政策密不可分，文化创意产业已经成为湖南省经济持续高质量增长的重要驱动力。

表 2-5 2013~2017 年湖南省文化创意产业五十中类行业增加值结构及趋势

行业增加值（亿元）	2013 年	2014 年	2015 年	2016 年	2017 年	年度平均增长率（%）
总计	1354. 2	1513. 9	1707. 2	1911. 3	2112. 1	9. 30
文化产品的生产	508. 6	576. 6	671. 6	774. 6	1019. 2	14. 91
新闻出版发行服务	50. 3	47. 6	44. 7	52. 0	60. 8	3. 86
新闻服务	1. 0	1. 3	1. 6	1. 9	2. 6	21. 06
出版服务	21. 4	19. 6	21. 4	22. 7	27. 7	5. 30
发行服务	27. 8	26. 7	21. 7	27. 4	30. 5	1. 87
广播电视电影服务	57. 0	78. 1	93. 8	76. 0	92. 9	10. 26
广播电视服务	45. 5	64. 1	79. 0	56. 4	60. 6	5. 90
电影和影视录音服务	11. 5	14. 0	14. 8	19. 6	32. 3	22. 94
文化艺术服务	42. 3	49. 0	59. 2	74. 8	105. 8	20. 12
文艺创作与表演服务	10. 9	12. 8	15. 3	17. 5	27. 1	19. 98
图书馆与档案馆服务	2. 4	2. 9	3. 6	4. 5	6. 1	20. 51
文化遗产保护服务	6. 0	6. 8	8. 4	10. 9	14. 3	18. 97
群众文化服务	4. 0	4. 3	5. 3	7. 0	9. 1	17. 87
文化研究和社团服务	6. 3	7. 5	9. 6	12. 3	16. 4	21. 09
文化艺术培训服务	8. 5	9. 8	12. 2	16. 0	22. 9	21. 92
其他文化艺术服务	4. 1	4. 8	4. 7	6. 7	9. 8	19. 04

续表

行业增加值（亿元）	2013 年	2014 年	2015 年	2016 年	2017 年	年度平均增长率（%）
文化信息传输服务	46.1	48.8	50.3	64.0	86.6	13.44
互联网信息服务	17.8	16.7	13.7	22.8	38.0	16.38
增值电信服务（文化部分）	0.5	0.3	0.5	0.9	1.0	14.87
广播电视传输服务	27.9	31.7	36.1	40.2	47.6	11.28
文化创意和设计服务	118.2	120.9	138.2	164.3	212.8	12.48
广告服务	61.1	53.1	58.1	76.4	114.9	13.46
文化软件服务	6.9	13.2	11.7	11.4	8.0	3.00
建筑设计服务	34.6	39.7	52.5	57.5	63.2	12.80
专业设计服务	15.6	14.8	16.0	19.1	26.7	11.35
文化休闲娱乐服务	113.0	133.5	162.6	213.2	321.4	23.25
景区游览服务	23.6	23.9	26.6	38.1	53.9	17.96
娱乐休闲服务	82.9	102.4	127.7	163.8	250.5	24.75
摄影扩印服务	6.4	7.2	8.3	11.4	17.0	21.58
工艺美术品的生产	81.9	98.8	122.8	130.3	138.9	11.14
工艺美术品的制造	42.6	53.7	80.0	82.1	74.3	11.77
园林、陈设艺术及其他陶瓷制品的制造	23.3	30.4	29.9	28.8	35.4	8.73
工艺美术品的销售	15.9	14.8	12.9	19.4	29.3	13.00
文化相关产品的生产	845.6	937.3	1035.5	1136.6	1092.9	5.26
文化产品生产的辅助生产	159.8	153.9	168.5	193.1	188.0	3.30
版权服务	0.2	0.1	0.2	0.2	0.3	8.45
印刷复制服务	125.6	128.5	142.1	159.3	140.8	2.31
文化经纪代理服务	5.5	4.6	6.5	7.9	11.5	15.90
文化贸易代理与拍卖服务	1.5	1.5	0.6	1.6	3.2	16.36
文化出租服务	0.4	0.3	0.6	0.7	1.1	22.42
会展服务	3.5	2.5	2.6	3.5	5.1	7.82
其他文化辅助生产	23.1	16.3	15.8	19.8	26.1	2.47

续表

行业增加值（亿元）	2013 年	2014 年	2015 年	2016 年	2017 年	年度平均增长率（%）
文化用品的生产	666.3	764.1	839.8	914.5	880.2	5.73
办公用品的制造	3.2	3.3	2.4	2.8	1.9	-9.90
乐器的制造	1.1	0.9	0.6	0.5	0.6	-11.42
玩具的制造	13.1	14.0	12.5	17.0	20.3	9.16
游艺器材及娱乐用品的制造	0.5	0.6	0.7	2.1	1.5	24.57
视听设备的制造	23.4	10.6	11.8	9.7	7.2	-21.00
焰火、鞭炮产品的制造	393.4	425.9	463.1	481.3	400.8	0.37
文化用纸的制造	62.1	66.4	63.0	71.6	68.7	2.04
文化用油墨颜料的制造	13.8	16.4	21.1	18.6	12.5	-1.96
文化用化学品的制造	0.0	0.0	0.0	0.0	0.0	0
其他文化用品的制造	84.7	165.6	212.3	240.5	284.0	27.38
文具乐器照相器材的销售	18.7	13.0	12.3	18.9	26.4	7.14
文化用家电的销售	12.4	17.5	17.1	19.6	19.4	9.36
其他文化用品的销售	39.9	29.9	22.9	31.9	36.7	-1.66
文化专用设备的生产	19.5	19.3	27.2	29.0	24.7	4.84
印刷专用设备的制造	1.7	1.8	1.8	1.9	2.3	6.23
广播电视电影专用设备的制造	12.3	11.1	17.9	18.6	17.5	7.31
其他文化专用设备的制造	3.2	4.4	5.8	6.1	1.7	-11.88
广播电视电影专用设备的批发	2.1	1.6	1.4	1.8	2.5	3.55
舞台照明设备的批发	0.2	0.3	0.4	0.6	0.6	24.57

四、文化服务行业比重上升，文化设备生产销售比重下降

（一）九大类行业占比趋势分析

从各行业产值比例结构来看，各行业总体上呈现波动特征，具有一

定的周期行为。其中，新闻服务行业占文化创意行业产值比例从2006年的0.02%增加到了2010年的0.71%，随之逐渐下降到了2012年的0.59%；出版发行和版权服务行业比例则从2006年的18.37%下降到了2010年的10.10%，但随之又恢复上升到了2012年的14.31%；广播、电视、电影服务总体上保持较为稳定的10%左右的占比；文化艺术服务呈现逐渐上升的趋势，从2006年的1.57%上升到了2012年的3.36%；网络文化服务逐渐从2006年的1.61%上升到了2012年的2.11%；文化休闲娱乐服务在总体上占据较高比例，维持在25%左右，而且从2006年的25.14%逐渐上升到了2012年的27.27%；其他文化服务也有较大幅度的提升，从2006年的4.33%上升到了2012年的9.61%；文化用品、设备及相关文化产品的生产比例维持在1/4左右，但有小幅下降，从2006年的25.83%逐渐下降到了2012年的23.94%；文化用品、设备及相关文化产品的销售同样是占据较高的比例，但也有下降的趋势，从2006年的13.22%下降到了2012年的9.59%（见表2-6和图2-4）。

表2-6 2006~2012年湖南省文化创意产业九大类行业占比 单位：%

年份	2006	2007	2009	2010	2011	2012
新闻服务	0.02	0.03	0.70	0.71	0.61	0.59
出版发行和版权服务	18.37	17.16	12.55	13.23	13.84	14.31
广播、电视、电影服务	9.91	10.39	10.18	10.10	9.93	9.22
文化艺术服务	1.57	1.61	3.53	3.17	3.23	3.36
网络文化服务	1.61	2.84	2.20	2.01	1.97	2.11
文化休闲娱乐服务	25.14	25.81	25.19	25.72	26.59	27.27
其他文化服务	4.33	3.89	12.82	10.93	9.38	9.61
文化用品、设备及相关文化产品的生产	25.83	25.98	22.90	23.37	24.12	23.94
文化用品、设备及相关文化产品的销售	13.22	12.29	9.92	10.75	10.33	9.59

（二）二十四中类行业占比趋势分析

分析2006~2012年文化创意细分行业结构占比可知，新闻服务行业占比呈上升趋势；出版发行和版权服务行业占比不断下降，其中版权服

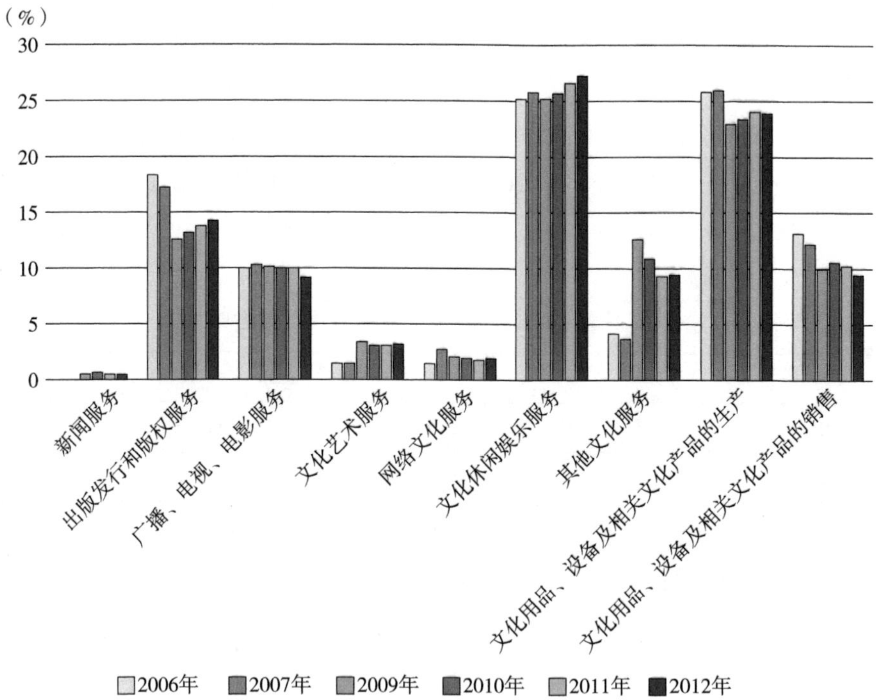

图 2-4 九大类行业占比趋势

务却从2006年的0.02%增加到了2012年的0.52%；广播、电视、电影服务占比基本持平，各行业变化比例不大，广播电视服务有小幅度下降，从2006年的6.4%下降到了2012年的5.52%；文化艺术服务增幅明显，其中文艺创作、表演及演出场所，文化保护和文化设施服务，群众文化服务，文化研究与文化社团服务，其他文化艺术服务等行业占比都有一定程度的提升，尤其是文艺创作、表演及演出场所增幅最大，2012年占比已经达到了1.26%；互联网信息服务行业占比小幅提升，从2006年的1.61%增加到了2012年的2.11%；文化休闲娱乐服务中，娱乐文化服务占比较大，维持在20%左右，从2006年的5.31%增加到了2012年的7.57%，而且其中旅游文化服务占比增加较快；其他文化服务中，文化艺术商务代理服务、文化产品出租与拍卖服务、广告和会展文化服务等行业占比都有显著的提升，广告和会展文化服务占比最大，从2006年的2.9%增加到了2012年的5.2%。相较而言，文化用品、设备及相关文化产品的生产，文化用品、设备及相关文化产品的销售两大行业的细分行业占比总体上呈下降趋势，文化用品生产、文化用品销售、文化设备销售等行业占比下降明显，分别从2006年的13.39%、3.18%和9.48%，下降到了2012年的9.12%、2.04%和6.86%，而其中文化设备生产行业占比则有较大程度的提升，从2006年的0.53%增加到了2012年的1.07%（见表2-7）。

表2-7　2006~2012年二十四中类行业占比　　单位:%

年份	2006	2007	2009	2010	2011	2012
文化服务	60.95	61.73	67.18	65.88	65.55	66.47
新闻服务	0.02	0.03	0.70	0.71	0.61	0.59
新闻服务	0.02	0.03	0.70	0.71	0.61	0.59
出版发行和版权服务	18.37	17.16	12.55	13.23	13.84	14.31
书、报、刊出版发行	17.85	16.61	11.75	12.40	12.82	13.25
音像及电子出版物出版发行	0.50	0.52	0.52	0.46	0.51	0.54
版权服务	0.02	0.02	0.28	0.37	0.52	0.52
广播、电视、电影服务	9.91	10.39	10.18	10.10	9.93	9.22
广播、电视服务	6.40	6.56	6.07	6.28	6.17	5.52
广播、电视传输	2.50	3.03	3.26	2.98	2.87	2.75
电影服务	1.01	0.79	0.86	0.84	0.89	0.96
文化艺术服务	1.57	1.61	3.53	3.17	3.23	3.36
文艺创作、表演及演出场所	0.33	0.35	1.10	1.12	1.25	1.26
文化保护和文化设施服务	0.71	0.70	0.81	0.77	0.75	0.77
群众文化服务	0.25	0.31	0.37	0.35	0.33	0.36
文化研究与文化社团服务	0.21	0.18	0.34	0.25	0.23	0.23
其他文化艺术服务	0.08	0.08	0.92	0.68	0.67	0.74
网络文化服务	1.61	2.84	2.20	2.01	1.97	2.11
互联网信息服务	1.61	2.84	2.20	2.01	1.97	2.11
文化休闲娱乐服务	25.14	25.81	25.19	25.72	26.59	27.27

续表

年份	2006	2007	2009	2010	2011	2012
旅游文化服务	5. 31	5. 50	6. 83	6. 94	7. 67	7. 57
娱乐文化服务	19. 82	20. 32	18. 36	18. 79	18. 92	19. 70
其他文化服务	4. 33	3. 89	12. 82	10. 93	9. 38	9. 61
文化艺术商务代理服务	0. 29	0. 29	2. 59	2. 36	2. 04	1. 90
文化产品出租与拍卖服务	1. 15	0. 98	5. 17	3. 74	2. 71	2. 51
广告和会展文化服务	2. 90	2. 61	5. 06	4. 83	4. 64	5. 20
相关文化服务	39. 05	38. 27	32. 82	34. 12	34. 45	33. 53
文化用品、设备及相关文化产品的生产	25. 83	25. 98	22. 90	23. 37	24. 12	23. 94
文化用品生产	13. 39	13. 04	9. 72	10. 43	9. 95	9. 12
文化设备生产	0. 53	0. 69	0. 99	1. 08	1. 04	1. 07
相关文化产品生产	11. 90	12. 25	12. 19	11. 86	13. 13	13. 74
文化用品、设备及相关文化产品的销售	13. 22	12. 29	9. 92	10. 75	10. 33	9. 59
文化用品销售	3. 18	2. 96	2. 46	2. 31	2. 26	2. 04
文化设备销售	9. 48	8. 83	6. 88	7. 76	7. 43	6. 86
相关文化产品销售	0. 56	0. 50	0. 59	0. 67	0. 64	0. 69

（三）十大类行业占比趋势分析

从各行业产值比例结构来看，新闻出版发行服务呈不断下降趋势，从 2013 年的 3. 71%下降到了 2017 年的 2. 88%；广播电视电影服务经历了先上升后下降的过程，从 2013 年的 4. 21%上升到了 2015 年的 5. 50%，随后下降到了 2017 年的 4. 40%；文化艺术服务呈现逐渐上升的趋势，从 2013 年的 3. 12%增加到了 2017 年的 5. 01%；文化信息传输服务呈现了先下降后上升的趋势，从 2013 年的 3. 41%下降到了 2015 年的 2. 94%，随后逐渐上升到了 2017 年的 4. 10%；文化创意和设计服务总体上呈逐渐上升趋势，从 2013 年的 8. 73%上升到了 2017 年的 10. 08%；文化休闲娱乐服务呈逐渐上升趋势，从 2013 年的 8. 34%上升到了 2017 年的 15. 22%；工艺美术品的生产占比保持在 7%左右，相对稳定；文化产品生产的辅助生产呈微小下降趋势，从 2013 年的 11. 80%下降到了 2017 年的 8. 90%；文化用品的生产占比始终保持最大的比例，但逐渐呈下降趋势，从 2013 年的 49.20%下降到了 2017 年的 41.67%；而文化专用设备的生产占比总体上比例较低，维持在 1%左右，但同样呈现逐渐下降的趋势，从 2013 年的 1.44%下降到了 2017 年的 1.17%（见表 2-8 和图 2-5）。

表 2-8　2013~2017 年湖南省文化创意产业十大类行业产值占比

单位：%

年份	2013	2014	2015	2016	2017
新闻出版发行服务	3.71	3.15	2.62	2.72	2.88
广播电视电影服务	4.21	5.16	5.50	3.97	4.40
文化艺术服务	3.12	3.23	3.47	3.91	5.01
文化信息传输服务	3.41	3.22	2.94	3.35	4.10
文化创意和设计服务	8.73	7.98	8.10	8.60	10.08
文化休闲娱乐服务	8.34	8.82	9.53	11.16	15.22
工艺美术品的生产	6.04	6.53	7.19	6.82	6.58
文化产品生产的辅助生产	11.80	10.17	9.87	10.10	8.90
文化用品的生产	49.20	50.47	49.19	47.85	41.67
文化专用设备的生产	1.44	1.27	1.60	1.52	1.17

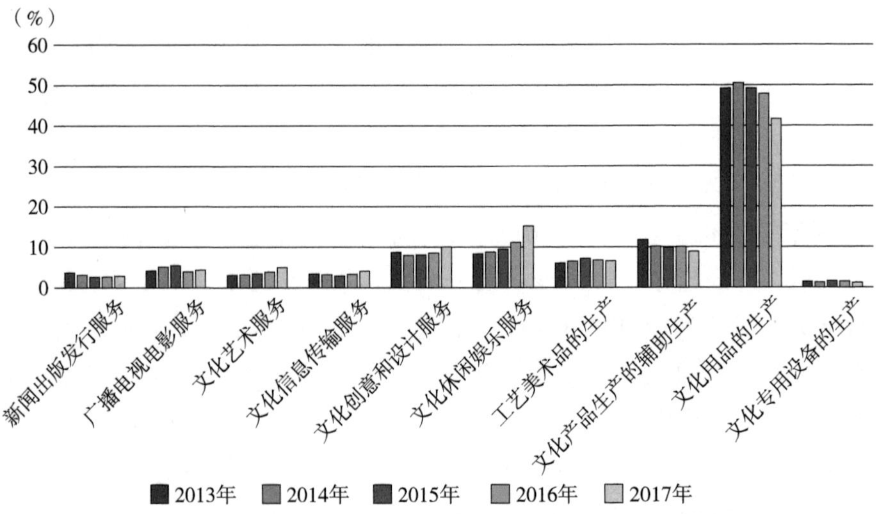

图 2-5　2013~2017 年湖南省文化创意产业十大类行业产值占比

（四）五十中类行业占比趋势分析

分析 2013~2017 年文化创意细分行业结构占比可知，新闻出版发行服务占比呈不断下降趋势，而新闻服务占比不断上升，从 2013 年的 0.08%上升到 2017 年的 0.13%，出版服务、发行服务占比则呈下降趋势；广播电视电影服务占比经历了先上升后下降的趋势，广播电视服务占比不断下降，电影和影视录音服务占比呈上升趋势；文化艺术服务占比呈现逐渐上升趋势，而且其中的细分行业占比均有不同程度的上升，文艺创作与表演服务占比最高，从 2013 年的 0.81%上升到 2017 年的 1.28%；文化信息传输服务占比呈现了先下降后升高的趋势，细分行业占比在波动中小幅上升；文化创意和设计服务占比总体上呈逐渐上升趋势，细分行业占比同样在波动中有小幅度的上升；文化休闲娱乐服务占比呈逐渐上升趋势，娱乐休闲服务占比占据主导，从 2013 年的 6.12%上升到了 2017 年的 11.86%；工艺美术品的生产占比保持在 7%左右，但园林、陈设艺术及其他陶瓷制品的制造占比有所下降；文化产品生产的辅助生产占比呈微小下降趋势，主要由于印刷复制服务、会展服务占比的下降，分别从 2013 年的 9.28%和 6.67%，下降到 2017 年的 0.26%和 0.24%；文化用品的生产占比始终保持最大的比例，其中焰火、鞭炮产品的制造占比有所下降，而其他文化用品的制造占比则有所上升；而文化专用设备的生产占比总体上比例较低，维持在 1%左右，但同样呈逐渐下降趋势，但在细分行业中，舞台照明设备的批发占比则有小幅的上升，从 2013 年的 0.02%上升到 2017 年的 0.03%（见表 2-9）。

表 2-9　2013~2017 年湖南省文化创意产业五十中类行业占比

单位：%

年份	2013	2014	2015	2016	2017
文化产品的生产	37.56	38.09	39.34	40.53	48.26
新闻出版发行服务	3.71	3.15	2.62	2.72	2.88
新闻服务	0.08	0.09	0.09	0.10	0.13
出版服务	1.58	1.29	1.25	1.19	1.31
发行服务	2.05	1.76	1.27	1.43	1.44

续表

年份	2013	2014	2015	2016	2017
广播电视电影服务	4.21	5.16	5.50	3.97	4.40
广播电视服务	3.36	4.23	4.63	2.95	2.87
电影和影视录音服务	0.85	0.92	0.87	1.03	1.53
文化艺术服务	3.12	3.23	3.47	3.91	5.01
文艺创作与表演服务	0.81	0.85	0.90	0.92	1.28
图书馆与档案馆服务	0.18	0.19	0.21	0.23	0.29
文化遗产保护服务	0.45	0.45	0.49	0.57	0.68
群众文化服务	0.29	0.29	0.31	0.36	0.43
文化研究和社团服务	0.47	0.50	0.56	0.64	0.78
文化艺术培训服务	0.63	0.65	0.71	0.84	1.09
其他文化艺术服务	0.30	0.32	0.28	0.35	0.47
文化信息传输服务	3.41	3.22	2.94	3.35	4.10
互联网信息服务	1.32	1.11	0.80	1.19	1.80
增值电信服务（文化部分）	0.03	0.02	0.03	0.05	0.05
广播电视传输服务	2.06	2.09	2.11	2.11	2.25
文化创意和设计服务	8.73	7.98	8.10	8.60	10.08
广告服务	4.51	3.51	3.40	4.00	5.44
文化软件服务	0.51	0.88	0.69	0.59	0.38
建筑设计服务	2.55	2.62	3.07	3.01	2.99
专业设计服务	1.15	0.98	0.94	1.00	1.26
文化休闲娱乐服务	8.34	8.82	9.53	11.16	15.22
景区游览服务	1.75	1.58	1.56	1.99	2.55
娱乐休闲服务	6.12	6.76	7.48	8.57	11.86
摄影扩印服务	0.47	0.48	0.48	0.60	0.81
工艺美术品的生产	6.04	6.53	7.19	6.82	6.58
工艺美术品的制造	3.14	3.55	4.68	4.30	3.52
园林、陈设艺术及其他陶瓷制品的制造	1.72	2.01	1.75	1.51	1.68
工艺美术品的销售	1.18	0.98	0.76	1.02	1.39
文化相关产品的生产	62.44	61.91	60.66	59.47	51.74

续表

年份	2013	2014	2015	2016	2017
文化产品生产的辅助生产	11.80	10.17	9.87	10.10	8.90
版权服务	0.01	0.01	0.01	0.01	0.02
印刷复制服务	9.28	8.49	8.32	8.33	6.67
文化经纪代理服务	0.41	0.30	0.38	0.41	0.54
文化贸易代理与拍卖服务	0.11	0.10	0.04	0.08	0.15
文化出租服务	0.03	0.02	0.03	0.04	0.05
会展服务	0.26	0.17	0.15	0.18	0.24
其他文化辅助生产	1.70	1.08	0.93	1.04	1.23
文化用品的生产	49.20	50.47	49.19	47.85	41.67
办公用品的制造	0.24	0.22	0.14	0.14	0.09
乐器的制造	0.08	0.06	0.04	0.03	0.03
玩具的制造	0.96	0.92	0.73	0.89	0.96
游艺器材及娱乐用品的制造	0.04	0.04	0.04	0.11	0.07
视听设备的制造	1.72	0.70	0.69	0.51	0.34
焰火、鞭炮产品的制造	29.05	28.13	27.13	25.18	18.98
文化用纸的制造	4.59	4.39	3.69	3.75	3.25
文化用油墨颜料的制造	1.02	1.08	1.24	0.98	0.59
文化用化学品的制造	0	0	0	0	0
其他文化用品的制造	6.25	10.94	12.43	12.58	13.44
文具乐器照相器材的销售	1.38	0.86	0.72	0.99	1.25
文化用家电的销售	0.92	1.15	1.00	1.02	0.92
其他文化用品的销售	2.94	1.98	1.34	1.67	1.74
文化专用设备的生产	1.44	1.27	1.60	1.52	1.17
印刷专用设备的制造	0.13	0.12	0.11	0.10	0.11
广播电视电影专用设备的制造	0.91	0.73	1.05	0.98	0.83
其他文化专用设备的制造	0.24	0.29	0.34	0.32	0.08
广播电视电影专用设备的批发	0.16	0.11	0.08	0.09	0.12
舞台照明设备的批发	0.02	0.02	0.02	0.03	0.03

五、文化创意产业空间布局及分化态势

文化创意产业呈现区域分化趋势。2006 年上半年，湖南统计局在调查 2477 家规模以上文化及相关产业企业时发现，长株潭地区、洞庭湖地区、大湘西地区和湘南地区文化创意产业总产值分别是 1161. 32 亿元、217. 79 亿元、129. 41 亿元和 175. 63 亿元，占全省比重分别为 81. 7%、3. 5%、4. 8%和 10%，对经济增长的拉动值分别是 8. 7%、0. 4%、0. 5%和 1. 1%。比较来看，长株潭地区规模以上文化产业产值占全省比重达 69. 2%，对全省贡献率位居长株潭地区、洞庭湖地区、大湘西地区、湘南地区四大经济板块之首，对全省增长经济增长的拉动水平也最高，产值及贡献率呈现出日趋集中的态势。城市在产值及贡献率方面也呈现出分化的趋势，其中，长沙市实现规模以上文化总产出 896. 34 亿元，占全省比重过半，达到 53. 2%，对全省增长贡献率达到 69. 2%，拉动全省增长 7. 4 个百分点，张家界和湘西自治州总产出仅为 7. 21 亿元和 5. 18 亿元，与长沙市相差悬殊（见表 2-10）。

表 2-10　2016 年上半年湖南省各地区文化创意产业产值及贡献率

地区	总产出（亿元）	同期增长（%）	贡献率（%）	拉动（个百分点）
长沙市	896. 34	14. 4	69. 2	7. 4
株洲市	206. 34	6. 4	7. 6	0. 8
湘潭市	58. 64	15. 6	4. 9	0. 5
衡阳市	44. 56	12. 4	3	0. 3
邵阳市	59. 81	1. 5	0. 6	0. 1
岳阳市	146. 49	3. 7	3. 2	0. 3
常德市	37. 27	1. 8	0. 4	0
张家界市	7. 21	12	0. 5	0. 1
益阳市	34. 02	-0. 4	-0. 1	0
郴州市	114. 89	8	5. 2	0. 6
永州市	16. 18	21. 2	1. 7	0. 2
怀化市	15. 23	1. 2	0. 1	0

续表

地区	总产出（亿元）	同期增长（%）	贡献率（%）	拉动（个百分点）
娄底市	41.98	14.3	3.2	0.3
湘西自治州	5.18	15.2	0.4	0
长株潭地区	1161.32	12.9	81.7	8.7
洞庭湖地区	217.79	2.7	3.5	0.4
大湘西地区	129.41	6.4	4.8	0.5
湘南地区	175.63	10.2	10	1.1

2017年第一季度，湖南统计局调查了2905家规模以上文化及相关产业企业，数据显示，长株潭地区规模以上文化产业企业实现营业收入571.44亿元，占全省的64.2%；洞庭湖地区、湘南地区和大湘西地区分别为134.52亿元、117.28亿元和66.73亿元，占全省比重分别为15.1%、13.2%和7.5%。从增长速度看，洞庭湖地区增速最快，增长了19.7%，湘南地区增长了19.5%，长株潭地区和大湘西地区均增长了12.1%（见表2-11）。

表2-11　2017年第一季度湖南省规模以上文化产业企业营业收入及增长率

地区	绝对额（亿元）	比上年增长（%）
总计	889.98	14.1
长株潭地区	571.44	12.1
洞庭湖地区	134.52	19.7
大湘西地区	66.73	12.1
湘南地区	117.28	19.5

资料来源：湖南省统计局。

第二节　文化创意产业发展政策与制约因素

一、湖南省的政策体系梳理

2012年，《湖南省国民经济和社会发展第十二个五年规划纲要》指出，加快建设文化强省，不断提升文化软实力和综合竞争力。加强铜官窑、老司城、城头山等国家大遗址、革命遗址的保护和建设，并且坚持文化事业和文化产业的协调发展。

2012年5月，中共湖南省委办公厅、湖南省人民政府办公厅印发了《〈中共湖南省委关于贯彻党的十七届六中全会精神加快建设文化强省的意见〉重要举措部门分工方案》（湘办发〔2012〕19号），提出制定文化产品出口贸易优惠条款，设立城乡社区公共文化服务岗位并落实基本津贴以及增加文化事业发展引导资金和文化产业发展引导资金等扶持政策。

2012年8月，湖南省工商局印发了《关于工商行政管理系统服务文化体制改革和文化产业发展的实施意见》（湘工商注字〔2012〕297号），指出要切实落实支持文化企业改制、资产重组，简化改制审批程序等扶持政策；放宽市场准入条件，支持文化产业主体快速发展；积极履行指导广告业发展职能以及促进文化产业实施商标战略等。

2014年7月，湖南省人民政府印发了《关于加快文化创意产业发展的意见》（湘政发〔2014〕23号），从重点产业发展、引导产业集聚、培育壮大企业主体、鼓励创新创业、加强人才队伍以及强化要素保障等方面阐释了文化创意产业发展的重要内容。

2015年7月，湖南省财政厅、中共湖南省委宣传部发布了《关于印发〈湖南省文化产业发展专项资金管理办法〉的通知》（湘财文资〔2015〕5号），旨在充分发挥财政资金的导向和激励作用，提高资金使用效益，对包括推进文化体制改革、支持文化产业重点企业和重大项目、构建现代文化产业体系、促进金融资本和文化资源对接、推进文化与科技融合发展、推动文化产业与相关产业融合发展、推动文化企业“走出去”、支持小微文化企业创新发展以及其他新兴文化产业类项目等专项资金流向进行重点支持。

2015年9月，中共湖南省委办公厅、湖南省人民政府办公厅印发了《关于加快构建现代公共文化服务体系的实施意见》（湘办发〔2015〕39号），提出要统筹推进公共文化服务均衡发展；增强公共文化服务发展动力；加强公共文化产品和服务供给；推动公共文化服务与科技融合发展；创新公共文化管理体制和运行机制以及加大公共文化服务的保障力度。

2016年1月，湖南省人民政府印发了《湖南省人民政府办公厅转发省文化厅等部门关于做好政府向社会力量购买公共文化服务工作实施意见的通知》（湘政办发〔2016〕6号），指出要逐步加大现有财政资金向社会力量购买公共文化服务的投入力度。

2016年，《湖南省国民经济和社会发展第十三个五年规划纲要》提到，加强文化人才培养，推进湖南新型智库建设，创办湖湘智库论坛；在文化产业方面，建设马栏山创意集聚区，提升长沙“世界媒体之都”品牌影响力，力争到2020年文化产业增加值占地区生产总值比重达到7%，努力将湖南打造成具有国际影响力的文化产业基地。

2016年，湖南省人民政府办公厅印发了《关于推进基层综合性文化服务中心建设的实施意见》（湘政办发〔2016〕48号），提出要巩固和深化基础设施建设成果；加快推进（社区）文化设施建设；整合各级各类面向基层的公共文化资源；积极组织引导群众文体活动；积极推动湖湘文化传承创新以及创新服务方式和手段。

2017年，湖南省人民政府办公厅印发了《关于支持马栏山视频文创产业园建设发展的若干意见》（湘政办发〔2017〕80号），提出通过专项资金、新增政府债券、政府产业投资基金等支持产业园重大基础设施、公共平台和产业项目建设；优先支持产业园有关项目申报国家政策和资金支持；优先保障产业园合理用地需求等支持政策。

2016年，湖南省文化厅出台了《湖南省“十三五”时期文化改革发展规划纲要》，指出“十三五”期间，将着力打造湖南文化发展升级版，持续推进文化强省建设，构建“一核两圈三板块”的文化产业发展格局，推进长株潭、大湘西、大湘南、环洞庭湖四大板块差异化、特色化发展。到2020年，力争实现文化和创意产业总产值7500亿元，增加值突破3000亿元，占GDP比重达到7%。

2018年，湖南省委、省政府出台了《关于加快文化创新体系建设的意见》，提出到2023年，基本建成优势特色鲜明、创新活力迸发的湖南文化创新体系，确保主要文化指标在全国继续领先并排名前移，文化综合实力位居全国前列，文化和创意产业总产出超过1万亿元，增加值超过4000亿元、占GDP比重超过7.5%，加快湖南文化创新体系建设包括构建文化精品创作体系、构建现代传播体系、构建现代公共文化服务体系、构建现代文化产业体系、构建现代文化市场体系等，并将从加大财政支持力度、落实文化经济政策、强化人才队伍支撑、完善工作推进机制、优化文化创新环境五个方面，为加快湖南文化创新体系建设提供保障。

专栏 2-1 《湖南省出台加快文化创意产业发展意见》提出的主要措施

2014 年 7 月 17 日，湖南省政府出台了《湖南省人民政府关于加快文化创意产业发展的意见》（以下简称《意见》），推动文化创意产业加快发展。《意见》提出加快文化创意产业发展的主要措施如下：

突出发展重点。着力发展文化软件、建筑设计、广告服务、专业设计等创意设计产业，促进文化创意与科技、旅游、休闲、生态、体育等产业融合发展，加快培育新型文化创意业态，优化提升数字媒体、数字出版、影视传媒、出版发行、演艺娱乐、工艺美术等产业，有序发展文博会展、绿色印刷、艺术品收藏及拍卖等产业。

引导产业集聚。加快建设一批文化创意产业创新、示范和孵化基地，打造一批主业突出、集聚效应明显的产业集聚区。加强公共技术、资源信息、投资融资、交易展示、人才培养、交流合作、知识产权、成果转化等服务体系建设。加大创意园区基础设施、环境整治、产业服务平台和共性技术平台等公共设施投入力度。建设一批省级文化科技融合示范基地。

培育壮大企业主体。推动优势文化创意企业实施跨地区、跨行业、跨所有制发展，打造行业龙头企业和跨界融合的产业集团。支持省属大型文化集团加快公司制、股份制改造，培育形成现代大型文化创意企业集团。鼓励非公有资本以独资、合资、合作、联营、参股、特许经营等方式进入法律和政策许可的文化创意产业领域。对引进的国内外著名文化创意企业总部（含地区总部），根据其净资产、投资额度、税收贡献等，给予一次性“以奖代补”资金支持。对文化创意产业领域湘籍领军人物回湘设立地区总部、成绩突出的给予一次性奖励。

鼓励创新创业。对经过认定、拥有自主知识产权的原创性文化创意项目，通过贷款贴息、专项补助、配套资助等方式给予一定研发资助。文化创意企业开发新技术、新产品、新工艺发生的研发费用，按照税法及相关政策规定，在计算应纳税所得额时加计扣除。对原创文化创意作品进行著作权登记予以一定资金补助。

加强人才队伍建设。将文化创意产业高层次人才引进纳入“百人计划”范畴，对入选“百人计划”的文化创意产业人才，按有关规定享受资助及保险、医疗、配偶安置、子女入学等特定工作条件和生活待遇。对在国际或国内文化创意知名企业有 3 年以上工作经历，且担任中、高层职位的管理人员和核心技术人员（团队）来湘创业，由省本级按照本人（团队）实际投资额（不含银行贷款）1∶1 的

> 比例给予创业资金扶持，最高不超过 500 万元。
>
> 强化要素保障。加大财政投入，增加省文化产业发展专项资金规模。将文化创意内容纳入文化产业支撑技术等领域，对经认定为高新技术企业的文化创意企业，减按 15%的税率征收企业所得税。文化创意企业发生的职工教育经费支出，不超过工资薪金总额 8%的部分，准予在计算应纳税所得额时扣除。对国家重点鼓励的文化创意产品出口实行营业税免税。优先安排重大文化创意产业项目用地计划。

二、湖南省文化创意产业发展面临的问题与调整方向

（一）传统产业掉队，主体规模下降

一方面，传统主导产业增长迟缓。经过多年的创新发展，湖南文化创意产业壮大了总量、提升了质量、创造了品牌，但在国家对电视娱乐节目进行限制的背景下，收视率一度出现严重下滑，相继被江苏、浙江等竞争频道赶超，广告收入和品牌形象受到一定影响。烟花、广电等传统优势产业一直以来是拉动湖南文化产业发展的重要动力，浏阳花炮享誉全球，但随着非主产区烟花爆竹产业的发展，烟花爆竹产品同质性竞争严重，特别是在鞭炮产业，小规模企业产品缺乏竞争力，行业利润逐年下降，无法体现高风险产业的高收益，随着环境整治和安全生产工作力度不断加强，传统烟花产业面临较大转型升级压力。2017 年，焰火、鞭炮产品的制造业增加值仅为 400. 8 亿元，五年平均增长率仅为 0. 37%，占比也只有 3. 25%；调查数据显示，2017 年前三季度，湖南省规模以上焰火、鞭炮产品制造实现营业收入仅同比增长 2. 1%，远低于文化制造业 13. 5%的增速，也低于全部规模以上文化产业 12%的增速。广播、电视服务业作为湖南传统优势产业，2017 年增加值也仅为 47. 6 亿元，占全省比重的 10%左右。

另一方面，企业平均规模有所缩减。2017 年前三季度，湖南省规模以上文化产业企业平均拥有从业人员 166 人，资产 5732. 16 万元，分别比上年同期规模以上文化产业市场主体平均水平缩减 10. 8%和 8. 6%；平均实现营业收入 9968. 53 万元，相当于上年同期规模以上文化产业市场主体的 96. 8%。导致规模以上文化产业市场主体平均规模缩减的一个重要因

素是规模以上文化制造业企业增长缓慢，2017 年前三季度同比仅增长 4.8%，远低于规模以上文化产业企业市场主体 17.7%的增速。规模以上文化服务业企业“量增体减”也是制约规模以上文化产业市场主体规模的另一因素。2017 年前三季度，虽然规模以上文化服务业企业个数增长 43.9%，市场主体企业平均拥有从业人员 90 人、平均实现营业收入 3894.36 万元，但与上年平均发展水平相比，分别缩减了 13.5%和 18.9%。

（二）内生动力缺乏，融合模式雏形

文化创意产业的核心是产业各环节的创新创意附加值。虽然近些年来湖南省文化创意产业规模与产业增加值都有了较大幅度的提升，在 2006~2017 年均保持两位数的增长速度，但是与北京、上海、广东等地的差距越来越大，而且新兴产业市场竞争力不强、企业装备滞后、产品科技创新水平低以及文化创意产业链融合不够等问题日益突出。数据显示，2016 年长沙文化产业法人单位中与高新技术产业交叉的仅有 60 多家，仅占全部文化产业法人单位的 2%，规模以上企业中开展研发活动的文化企业占比仅为 4.9%，低于全部规模以上企业占比 12 个百分点，缺乏内生创新动力。

除此之外，文化创意产业产品附加值高、价值链长、涉及面广、吸引力强，是文化、创意、科技、资本、旅游、制造相互融合的产物，而且能够通过产业链上下游的深度融合，促进产业的转型升级与高质量发展。此外，文化创意产业是经济、文化、技术等相互融合的产物，具有高度的融合性、较强的渗透性和广泛的辐射力，不仅能带动关联产业、促进区域经济发展，还可以辐射到社会各个方面，提升人民群众的文化素质。但总体上，湖南省文化创意产融合水平不足，文化与旅游旅游、科技、金融和互联网等相关产业的融合与发展还存在很大的提高空间：一是未能树立“文化+”融合发展理念。未能充分发挥文化创意产业与其他相关产业的资源互补优势，缺乏文化创意产业与相关产业融合发展的合作平台。二是跨渠道融合模式不成熟。“文化+科技”“文化+金融”等跨要素融合模式不健全，“文化+互联网”“文化+制造业”“文化+旅游”“文化+农业”等跨行业新业态发展模式不成熟。

（三）集聚水平不高，制约规模效应

空间布局已成雏形，但产业集聚水平有待提升。《湖南省“十三五”时期文化改革发展规划纲要》（以下简称《纲要》）提出，全省将构建“一核两圈三板块”的文化产业发展格局，推进长株潭、大湘西、大湘南、洞庭湖四大板块差异化、特色化发展。“一核”，即长株潭文化产业核心区。“两圈”，即协同圈和联动圈，指以省会长沙为中心，从空间区位和高铁、高速公路交通联系上划分的两大文化产业集聚发展圈域。“三板块”，即大湘西板块、大湘南板块、环洞庭板场面。《纲要》还为三大板块提供了具体的发展路径，其中大湘西板块将突出文化生态旅游、文化影视创作、体育健身、工艺美术、民族民俗文化创意设计等特色领域，建设成为全省文化旅游融合发展示范区；大湘南板块将围绕红色旅游、新兴电子产品及电子商务、新兴轻纺及工艺精品、宝石、工艺美术品加工等产业，培育成为全省文化制造出口加工集聚区；环洞庭湖板块，将发展湘茶产业、休闲农业、水上观光、自驾旅游等产业形态，发展成为全省生态休闲文化产业发展试验区。在发展战略性新兴产业背景下，政府对文化创意产业园区建设投资巨大，但部分区县出现了盲目发展、快上项目的冒进作风，越来越多区县将文化创意产业规划为支柱产业，导致空间布局的不合理问题日益突出，文化创意产业资源布局零散、功能分区定位模糊、重复建设严重，部分地区甚至将文化创意园区规划变成了文化地产的开发。

研究表明，文化创意行业的地区专业化程度是与经济发达程度的空间分布基本一致的，湖南省居全国第十位。湖南省的文化创意产业集聚水平在内地具有一定的专业化分工优势，但与沿海地区相比还存在一定的差距。湖南的文化产业集聚程度并不高，文化创意产业主要集聚在长株潭地区，尤其是省会长沙市，其他地区的文化产业集聚水平较低，甚至存在不断下降趋势，文化创意产业规模效应与集群效应难以发挥。尽管近年来湖南文化产业发展取得了重大成就，已经建立以长沙文化和科技示范基地带头的创意设计园区、数字媒体园区、动漫产业园区等文化科技创意产业园区，在一定区域内聚集了一大批文化创意企业，初步形成了集聚效应，但园区在发展过程存在地方特色稍显薄弱、基础建设水平较低、服务能力等问题。以园区经济为主导的文化创意产业发展市场

集中度还很低，规模不大，竞争力差，仅仅初步形成了以广播影视、新闻出版、文化娱乐、旅游等为先导的产业主体框架，与北京、上海等地区的文化创意产业发展差距较大，与美国、日本等发达国家和地区的文化创意产业发展更是无法相提并论。

（四）发展差距扩大，区域发展失调

湖南省文化创意产业发展水平不断提升，结构不断优化，但依然面临着全省发展差距较大以及区域不协调的问题。以 2017 年前三季度的调查数据为例，湖南省规模以上文化产业企业 2997 家，单位平均实现营业收入 9969 万元。分地域看，长株潭地区规模以上文化产业企业 1539 家，占全省的 51.4%；单位平均营业收入达 12496 万元，超过全省单位平均营业收入水平 2527 万元；规模以上企业数量和平均营业收入也远远超过其他地区。洞庭湖地区规模以上文化产业企业 506 家，占全省的 16.9%；单位平均营业收入 8575 万元，比全省单位平均营业收入水平少 1394 万元。大湘西地区规模以上文化产业企业 515 家，占全省的 17.2%；单位平均营业收入 4879 万元，比全省单位平均营业收入水平少 5090 万元。湘南地区规模以上文化产业企业 437 家，占全省的 14.6%；单位平均营业收入 8680 万元，比全省单位平均营业收入水平少 1289 万元。从极差值来看，长株潭地区规模以上文化产业企业个数是湘南地区的 3.5 倍；平均营业收入规模是大湘西地区的 2.6 倍。巨大的发展差距加剧了湖南省产业不均衡发展、区域不协调发展的事实，长期来看可能会加剧地区经济发展水平与收入差距，在一定程度上制约区域协调发展。

（五）要素投入不足，资金人才匮乏

湖南文化创意产业要素投入主要体现在资金与人才方面的匮乏。作为资金密集型产业，文化创意产业的发展需要大量资金支撑，湖南文化创意产业投融资机制不健全，资金投入量少且投资效率不高，降低了湖南省文化创意产业竞争力水平。除此之外，与北京和上海等文化创意产业发展氛围浓厚的地区相比，受到地理因素以及市场发展水平的限制，湖南省总体上文化创意产业企业较少，缺乏规模效应，这也在一定程度上抑制了文化创意产业投资的积极性。近年来，在政府的支持和引导下，湖南省文化创意产业投融资机制不断健全，融资渠道逐渐实现多样化，但依然面临着总体贷款额度偏小、资金供需缺口较大的问题。2008 年，湖南省文化产业贷款占全部贷款的比重仅为0.7%，远低于文化产业增加值占GDP的比重5.1%。从融资结构比例来看，银行贷款占比达到68.1%，而股权融资、风险投资和理财产品等直接融资仅占6.4%，文化创意产业的融资力度和广度都远远不够，支持文化创意产业的金融产品比较单一。

科技创新是文化创意产业转型升级的加速器，加大研发资金的投入有助于充分发挥外溢效应，提高文化创意产业附加值。但以2017年为例，湖南研发投入为568.53亿元，占当年GDP比重的1.64%，低于全国平均水平，研发投入少不利于激发湖南文化创意产业的创新活力，会在一定程度上制约其持续发展。此外，文化创意专业人才激励机制不健全、高素质文化创新人才和高水平文化经营复合型人才紧缺已经成为制约湖南文化创意发展的重要"天花板"。湖南虽然拥有一批具有开创精神的文化创意人才，但是该产业吸纳就业人员的能力依然有限。在创意产业发达的地区，创意产业吸纳的就业人员占总就业人数的比例都在10%以上。而在湖南这个比例低于3%，湖南还不能适应创意产业迅速的发展。高端的创意人才和将创意作品产业化的经营人才总量缺乏，都制约了文化创意产业的长期可持续发展。

（六）体制机制障碍，增加制度成本

制约湖南省文化创意产业发展的根本问题是体制机制障碍：第一，文化产业管理"九龙治水"，即文化产业管理存在条块分割、多头管理、政企不分、多头执法等问题。湖南省文化产业发展主要由湖南省经委、旅游局和文化局三个部门共同监管，部门之间协调困难，这种格局不仅造成人、财、物的重复投入和浪费，而且不利于文化产业资源的整合和有效的利用。第二，文化产业市场化机制不健全。由于文化机构的市场的主体身份不明确，使文化创意企业难以融入市场参与竞争，传统文化事业型体制"管""办"不分，违背了文化创意产业的市场化规律，加上文化管理部门的条块分割体制，导致文化创意产业难以根据市场需求运营，限制了文化创意产业的结构重组或联合，不利于文化创意产业的高效发展。第三，投融资体制机制不健全。从文化产业投融资层面看，在文化产业总体发展良好的背景下，文化投融资难的问题将长期存在，其对文化产业发展的制约因素不可逾越。文化创意类企业其实并没有为上

市做好准备，投资机制不平衡、结构不合理，投资渠道不畅通，投资方式不合理，缺乏信用担保、没有资产抵押等，这些是多数文化企业取得银行信贷的最大障碍，同时也制约着文化产业的投融资之路。我们应创新文化产业投融资体制，强力推进文化大发展与繁荣。

第三节 推进文化创意产业发展经验镜鉴与政策建议

一、国际经验镜鉴

“他山之石，可以攻玉。”从全球文化创意发展的经验来看，英国、美国、日本等国在文化创意产业发展中推行的创意核心、版权保护、优势带动及创意社区等发展战略和举措都对促进本国经济发展和创业转型起到了重要作用，接下来本节将对不同国家创意产业发展的经验进行概述，以期为我国及湖南省创新产业发展提供政策建议。

（一）英国经验

英国在世界上首次提出“创意产业”的概念，通过实施一系列公共政策来推动创意产业发展，使英国逐步实现了以制造业为主的“世界工厂”向以创意产业为主的“世界创意中心”的转型。创意产业已经成为英国经济发展的重要推动力，并在增强国家文化软实力、提高国际影响力等方面发挥着重要作用，其成功经验主要在于独到的发展模式。英国创意产业发展模式是典型的政府主导型模式——通过发挥政府主导作用来激发创意产业市场主体的积极性。政府主导主要通过确立发展战略，制定产业政策，实施相关的人才、税收、公共服务等优惠措施来实现。在政府的主导下，借助特定区域的资源禀赋及文化积淀，促进该地区创意产业的迅速形成，并由此带动创意产业跨越式发展。

第一，政府主导下的创意产业政策体系。20 世纪 90 年代起，英国政府针对文化创意产业的发展出台了一系列的政策支持，包括创意出口推广、协助企业融资、税务和规章监管、保护智慧财产、教育及技能培训和地方推动自主权六个方面。在融资和税收政策方面，伦敦政府设立了文化战略委员会，基于其文化、人才以及金融服务等方面的优势，出台了《创意产业融资地图》和《融资一点通》等政策，在很大程度上降低了文化创意产业的投融资成本，而且对直接投资文化创意产业提供了补贴支持。2003 年，伦敦市政府出台了《伦敦文化资本——市长文化战略草案》，提出了创新、卓越、参与、价值的新世纪创意产业发展策略，出台了扶持创意产业发展的系列举措。2008 年，伦敦市颁布了《文化大都市——伦敦市长 2009~2012 年的文化重点》，提出立足文化创意产业，打造文化大都市名片的愿景。此外，英国拥有的健全的文化法规体系，也为创意产业发展提供了良好的外部市场环境和公平竞争机制，使文化创意产业在政府指导、市场决定的模式下健康发展。

第二，完善知识产权保护体系。伦敦市特别强调知识产权保护，是世界上知识产权保护体系较完善的城市之一。英国政府从法律层面为创意产业提供保护，颁布了《广播电视法》《电影法》《著作权法》《英国艺术组织的戏剧政策》等法规。近年来，随着创意产业深入融合发展，英国创意产业领域的知识产权保护中还催生了一些新业态，如实现专利商标事务所与一般法律事务所的跨领域合作、降低知识价格水平、加快信息流动、加强技术和应用的结合、实现知识的总收入最大化等。

第三，政府资金保障。文化创意产业需要大量的资金支持，超过七成的资金来自政府的资助。数据显示，伦敦市每年投入 3 亿多英镑支持文化创意产业的发展，建设了大量博物馆和艺术画廊。2004 年，启动了由伦敦发展署管理的，以政府和企业合作的方式运作，以促使伦敦成为世界最重要的创意中心为目标的“创意伦敦”计划。伦敦市政府为激发人们的创意潜力，建立各种扶持基金资助从事文化创意产业的人员开展创意工作。例如，于 2005 年设立了“创意优势基金”，为有才华的企业家提供资本和商业支持。在税收方面，伦敦不对图书、期刊、报纸等出版物征收增值税。同时，从 2006 年开始，制作成本在 2000 万英镑以上的电影作品可获得成本 16%的税收优惠，制作成本低于 2000 万英镑的电影可获得成本 20%的税收优惠。

第四，打造创意产业聚集区。文化创意产业具有高集聚和创新溢出的特征，文化创意产业集聚区有助于实现企业之间信息传播、人才交流、要素互动，极大地降低了企业成本。政府根据伦敦市旧城区文化创意产业发展的实际状况，规划了创意空间载体，为创意产业集聚区的打造提供软件和硬件支持。创意空间环境的完善和产业区规模的扩大，吸引了大量创意人才和机构的集聚，推动旧城区演变成集生产、居住和时尚消费于一体的产城融合区。同时，英国政府还积极营造文化创意产业发展氛围，通过教育培训积极推介公民的创意活动，为公民创造更多的接触机会，免费开放博物馆，公开数字化档案，设立伦敦电影节、时装节、设计节、游戏节四大文化节日，成为伦敦文化创意产业发展模式的亮点。

（二）美国经验

第一，重视知识产权保护。美国将文化创意相关的产业称为“版权产业”，足见其对版权保护的重视，为文化创意产业的可持续发展提供了法律保障。对知识产权的保护是美国文化创意产业发展的根本保证，其知识产权保护制度成为其他国家效仿的典范。早在 1790 年，美国就制定实施了《版权法》，并根据音乐、戏剧和摄影作品的保护需要，相继对该法案做出过多次修订。1871 年，美国《宪法》提出了保障出版自由权的条款，其后著作权的保护条款也逐渐扩展到其他文化创意产品的生产领域。2003 年，美国增补相关法律条款，将著作权保护期限延长 20 年，知识产权保护立法奠定了美国文化创意产业蓬勃发展的坚实基础，既保护了文化创意生产者的经济利益，又提高了创意者的积极性。

第二，市场主导下的版权生态圈。美国作为完全竞争主体，政府的角色定位侧重于宏观指导和公共服务，而且颁布了一系列反托拉斯法和保护中小企业法等政策法案限制文化产业垄断。版权产业的生产经营模式集开发、生产、销售三位一体，整个产业环环相扣、相互制约，形成了一条完整的产业链，其中，科技、人才及创新的相互作用是形成美国版权产业生态圈的决定因素。一方面，科技进步改变了人们的文化消费观，变革了居民的消费方式，也强化了文化创意产品的不断创新。另一方面，在市场机制的作用下，美国各大高校对市场具有较强的敏感性，为应对版权产业市场的变化，美国各大高校纷纷开设与版权产业相关的专业及教学课程培养版权产业人才。在为版权产业快速发展提供雄厚的人才后备力量的同时，还充分发挥其吸引人才的优势，大量吸纳国际上的优秀文化创意人才。互联网、数字化、通信卫星等信息技术在文化创意中的广泛应用直接推动了版权产业的发展。

第三，产业政策扶持。为鼓励多方资本投入文化创意产业，美国政府设立了一系列的版权基金会向企业、社会团体及个人募资，加大对版权产业发展的资助。除了国内资本的投入，来自国际市场版权的投资资本也占据较大比例。美国政府秉持“文化即商品，商品即文化”的文化产品营销理念，在推动版权产品的出口获得高额利润的同时，又将宣扬所谓的普世价值作为追求。此外，美国政府加大投资支持非营利性文化产业发展，先后成立的美国国家艺术拨款委员会（1965 年）、国家人文科学基金会（1965 年）和国家博物馆图书馆学会（1996 年）等机构，专门负责为博物馆、图书馆、美术馆等政府载体提供扶持，专门扶持资助非营利性文化产业的发展，并取得良好的成效。在国际贸易政策上，美国对版权产品进口课以重税，国际资本进入美国版权产业市场必须采用直接投资的方式，尤其是在当前中美贸易摩擦愈演愈烈的背景下，版权保护成为美国发动贸易战以及“长臂管辖”的重要借口。

（三）日本经验

日本是世界上最大的动漫制作和输出国，由漫画、动画、游戏及其相关文化产业产生的利润占据了国际市场的 1/3。日本占全球播放的电视台动画片的六成以上，在欧洲，由日本制作的动画所占市场份额超过 80%，日本动漫产业总产值已达到 1 万亿日元，动漫艺术及相关产业规模已经超过汽车工业，成为日本第二大支柱产业，仅次于第一大支柱产业——旅游产业。

第一，文化与经济相结合的国家战略。文化与经济结合是日本文化产业发展的重要策略，也是其快速发展的重要经验。基于资源状况，日本把发展附加值高、资源消耗低的文化产业作为产业发展的一项基本国策。20 世纪末期，由于经济长期低速徘徊等原因，促使日本文化和经济相结合的经济发展模式进一步完善。日本 1995 年确立了 21 世纪的文化立国发展战略；2001 年确立了知识产权立国战略，明确提出 10 年内建成全球第一知识产权国。日本文化创意产业取得如此成就的原因与健全的法律法规体系以及日本产业政策的支持密不可分。

第二，在宏观战略与产业模式。日本根据本国动漫、技术及出口等产业优势，立足于“出口导向”和“文化立国”战略，结合高新技术发展，构建起以动漫产业为核心，以会展、设计、时尚为平台的国际流行文化策源地。通过战略会议、审议会、幕僚会议、恳谈会等会议，研究具体的发展对策，逐一将文化产业发展战略落到实处。在创意产业园区的规划建设中，政府支持行业协会的运作，将部分政府职能下放到各个行业协会，形成集约化、规模化的文化产业发展模式。在文化产业相关领域配套发展模式上，以动漫产业为核心促进行业竞争力提升，形成了世界上竞争力最强的文化产业链体系，动漫产业与设计产业、时尚产业、出版业、影视制作、多媒体技术的紧密结合和有效互动，在对动漫产业进行创新的同时，将创新构思快速转换成商品推向市场，提高了日本动漫产业的全球竞争力。

第三，在微观措施层面，日本建立起了“市场+引导”的企业发展模式，为日本文化创意产业可持续发展提供了有力的保障。政府部门和行业协会与企业建立有效的沟通机制，支持企业经营模式及具体项目运作模式的策划与实施，建立专项基金和激励机制，促进提升企业自主研发和创新能力。同时，通过组织海外考察、国际论坛等交流形式保持创意企业领先的国际视野和情怀，通过中介服务的有效支撑，集中、及时有效地解决创意企业在成长中遇到的投融资、知识产权转让、对外服务贸易等问题，增强了日本创意企业的国际竞争力。此外，形成政府、企业和研究机构协作模式，政府提供法律保障和规划引导，学术和研究机构提供市场预测和发展前景信息支持，支撑官产学有效协作，谋求文化企业良性发展。

第四，完善的法律法规体系。1970 年颁布的《著作权法》经过 20 余次修改，于 2001 年更名为《著作权管理法》。近年来，日本又制定了《知识产权基本法》《IT 基本法》《著作权中介业务法》《文化艺术振兴基本法》等法律。另外，出台了《关于文化艺术振兴的基本方针》《知识产权战略大纲》等更为具体的配套措施，健全的、可操作性强的法律法规为日本文化创意产业发展提供了制度保障。

（四）经验借鉴

借鉴英国、美国、日本的文化创意产业发展经验，未来推进湖南省文化创意产业发展至少要重视以下多个方面的行动原则：第一，“政府引导+市场主导”原则。政府引导是指政府出台并完善文化创意产业政策体系，市场主导是指让市场主导资源的高效配置。文化创意产业的知识创新溢出属性具有社会正外部性，会引起一定的市场失灵问题，因此有必要出台针对性的产业政策，消除市场失灵。例如，出台包括创意出口推广、协助企业融资、税务和规章监管、教育及技能培训和地方推动自主权的相关政策。同时，为鼓励多方资本投入文化创意产业，设立一系列的版权基金会向企业、社会团体及个人募资，加大对版权产业发展的资助。第二，资金保障原则。文化创意产业属于资金密集型产业，需要完善包括政府、市场、社会等在内的多元投资机制，保障资金的投入。借鉴伦敦经验，湖南省开展“创意湖南”计划，激发人们的创意潜力，同时建立各种扶持基金资助从事文化创意产业的人员开展创意工作。第三，产权法律保护原则。完善知识产权保护体系，要求政府从法律层面为创意产业提供保护，可借鉴英国和美国经验完善《广播电视法》《电影法》以及《著作权法》，提高著作权保护期限。第四，产业集聚原则。文化创意产业具有高集聚以及创新溢出的特征，文化创意产业集聚区有助于企业之间实现信息传播、人才交流、要素互动，极大地降低了企业成本。未来应当加大创意空间培育，提高产业区规模，吸引创意人才和机构的集聚。

二、湖南省进一步推进文化创意产业高质量发展建议

（一）深化体制改革，优化发展环境

第一，深化文化体制改革。落实《湖南省贯彻落实党的十八届三中全会重要改革举措的实施规划（2014—2020 年）》，实现以重点任务带动全局发展的目标。这就要求：加快推进文化管理体制改革，促进政事分开、管办分离，加快政府职能转变，强化政策调节、市场监管、社会管理、公共服务职能，综合运用法律、行政、经济、科技等手段提高文化管理效能；要求推进经营性文化单位改制转企，深化国有文化单位改革，完善现代企业制度、法人治理结构。充分总结湖南日报报业集团、湖南广播影视集团、湖南出版投资控股集团三大优势企业为龙头实行的“一个党委、两个机构、一体化运行”的管理体制经验，创新国有文化资产管理体制，成立湖南省国有文化资产监督管理委员会；要求完善多元投融资机制，建立省、市、区（县）三级文化创意产业基金，鼓励各种资本、包括民间资本进入文化创意产业，建立文化创意产业贷款担保基金，加大商业银行的大力支持，试水股票证券市场。结合《关于金融支持文化产业振兴和发展繁荣的指导意见》的要求，大力发展多层次资本

市场，扩大文化企业的直接融资规模，经营稳定、初具规模的文化创意产业可以上市融资；要求健全现代文化市场体系，推动文化市场主体、文化产品的流通与市场的接轨，有重点地打造一些全国性国际性的文化产品交易平台，办好中国国际文化产业博览交易会等重点展会，扩大市场影响力。

第二，完善管理机制。政府要强化服务意识，为文化创意产业发展创造公平有序的社会环境，这就要求：建立责任机制，明确文化治理主体责任，以便统筹协调、规划和管理产业的发展；完善财政机制，设立文化创意产业发展专项预算和基金，为文化创意产业发展提供资金保障；建立整合机制，推进现有资源与群众文化需求的精准对接，不断强化文化服务部门、文化服务产品、文化服务技术、文化服务网络四者的有机对接，有助于深化文化创意产业供给侧结构性改革，扩大内需；建立购买机制，通过"菜单式公共服务购买活动"，满足人民群众日益增长的精神文化需求；建立评估机制，引入第三方评估等方式，对基于公共财政的文化治理绩效进行有效评估。

（二）创新文化体系，完善产业政策

强化政府引导，结合湖南省历年出台的一系列关于促进文化创意产业发展的政策文件，着力加快文化创新体系建设。一是构建文化精品创作体系，通过大力发展网络文化，激发文艺原创活力，赋予湖湘文化新时代发展内涵；二是构建现代传播体系，要求进一步加强新闻舆论工作，推进文化创意产业与现代媒体深度融合，提高对外宣传水平，切实将湖南优秀的文化创意产业推介出去；三是构建现代公共文化服务体系，要求进一步深化文化服务管理体制和运行机制改革，加强重点公共文化设施建设以及数字化建设，搭建"家门口文化服务图"；四是构建现代文化产业体系，这是未来湖南省产业政策发展的重点，旨在推动湖南建设成为国际新型影视创意中心、动漫游戏创新基地、国内外著名文化旅游目的地、非物质文化遗产生产性保护基地、数字出版高地、全国新兴演艺娱乐中心、全球创意烟花设计基地以及现代创意设计集聚区；五是构建现代文化市场体系，充分发挥市场在资源配置中的决定性作用，通过实施重大文化项目产业带动的策略，加快推动马栏山视频文创产业元建设，培育文化金融合作新模式，促进大众文化消费。

文化创新体系的构建需要完善的产业政策支持，要求根据美英日等发达国家以及国内一些经济较发达城市的文化创意产业发展经验，政府需要考虑地方的经济发展水平、文化物质资源、制度环境以及市场状况、文化园区建设等许多方面的因素，制定合理有效的产业发展政策，培养产业的竞争力。从湖南当前的实际情况来看，应着力提高对文化创意产业企业的财政支持力度，优化文化创意产业园区的土地政策，出台包括金融、人才、产权、税收等配套产业政策体系，构建良好的产业发展环境。

（三）加强产权保护，优化发展环境

文化创意本质上体现了知识的凝聚和智力的彰显，其核心内容是创新活动，本质特征体现在对创新产权的收益上。信息技术使信息内容易于被非法复制和传播扩散，因此，加强知识产权保护在文化创意产业发展中尤为重要，要求进一步贯彻落实《湖南省知识产权战略纲要》《湖南省人民政府关于加快文化创意产业发展的意见》以及《湖南省实施知识产权战略行动计划（2015—2020 年）》，进一步制定、修改和完善保护知识产权的法规政策，确保创意企业的合法权益不受侵犯，保护和调动企业进行创意开发的积极性。探索建立科学、合理、有效的适合产业发展的法律保障体系，营造尊重知识产权和创新成果的文化氛围，构建保护产业发展的良好环境；构筑产权流转顺畅和交易自由的平台，为创意产业的智力成果与产业化的转换提供完善的法律平台；还应当加强知识产权舆论宣传，营造“尊重知识、崇尚创新、拒绝侵权盗版”的良好社会环境。为进一步完善知识产权法律体系，加强文化创意产业市场的监管力度，2014 年湖南成立了文化产业知识产权联盟，组织知识产权的跨界交流、定期沙龙、产业自律等多种活动，有助于打破行业间分割壁垒，实现文化创意行业之间优势资源整合。

（四）增强产业融合，促进产业升级

围绕文化创意行业内容生产，打破行业界限，促进文化创意行业与其他关联产业融合发展，鼓励文化产业项目与旅游、体育、休闲农业等相关产业融合发展，促进文化产业内部行业之间的对接与支撑，推动文化产业链条延伸。要求充分挖掘湖湘文化资源，强化“文化+”思维，充分利用现代信息技术，发挥“互联网+”优势，加快文化产业信息化建设。加快推进“体坛+”移动互联网体育生态圈建设，依托体坛传媒的体育媒体品牌优势和用户资源，着力打造国内第一、全球一流的移动互联网体育资讯和服务平台。进一步推进“互联网+文化”信息化建设，以现代技术和创意设计改造提升烟花、广电等传统特色产业，研创安全、环保、科技的新产品，实施标准化生产流通，率先推进转型发展，擦亮传统优势品牌，激活传统特色文化产业发展动能。在继续保持现有优势产业品牌的基础上，打造更多的内容文化品牌，提升文化产业结构层次和发展生命力，加快推动文化产业转型升级发展，大力发展以“互联网+”为主要形式的规模以上文化信息传输服务业、文化创意和设计服务业等新型、高端服务业。在推进过程中，需要注重与文化产业各门类及相关产业的融合发展，促进产品和服务创新，催生新的文化业态，有助于培育文化产业发展新动能。

（五）明确发展重点，培育主导产业

主导产业的发展和壮大要有较大的市场规模和广阔的市场潜力，要有先进的技术创新支持以及具有较大的产业关联性，重点扶持湖南广播电视台、中南传媒、芒果传媒、《湖南日报》等企业转型升级。根据《湖南省“十三五”时期文化改革发展规划纲要》，湖南将构筑现代文化市场体系，重点打造11个优势文化产业，分别是影视传媒产业、新闻出版产业、动漫游戏产业、文化旅游产业、演艺娱乐产业、工艺美术产业、广告会展产业、创意设计产业、印刷复制产业、体育休闲产业和虚拟现实产业。为推进传统媒体与新兴媒体融合发展，湖南省应当着力打造新型主流媒体，建成具有强大实力和传播力、公信力新型媒体龙头企业。以华声在线为平台，将湖南日报报业集团建设成在全国有重要影响的新型主流媒体集团，强化客户端“新湖南”作用；推动湖南广播影视集团成为国内领先、具有国际影响力的大型媒体集团，以“芒果TV”为统一平台，实现旗下各网络媒体在资源共享、技术分发等方面的底层融合；打造湖南出版投资控股集团融合发展的主流数字媒体集群，支持红网搭建省、市、县三级开放共享的党务政务云、宣传文化云、公共服务云、电商游戏云“四朵云”建设，把时刻新闻客户端打造成拥有千万用户的新闻客户端。

（六）提高集聚水平，促进区域协调

各地要抓紧制定培育骨干文化企业的规划和政策，在发挥“有形之手”作用的同时，更好发挥市场在配置文化资源中的决定性作用，促进文化资源和要素向优势产业和企业适度集中，提高产业集中度。全面发展优势产业的下游产业、周边产业、关联产业、衍生产业，推动文化产业链的延伸，推进产业集聚发展，形成文化产业集群，推动文化产业规模化、集约化、专业化发展。在《湖南省“十三五”时期文化改革发展规划纲要》的基础上，持续推进文化强省建设，构建“一核两圈三板块”的文化产业发展格局，推进长株潭、大湘西、大湘南、环洞庭湖四大板块差异化、特色化发展。要求进一步优化湖南文化创意产业发展总体布局，加快构建以长沙为主轴，株洲、湘潭为两翼，环洞庭湖生态经济圈为支撑，大湘南和大湘西为补充的产业发展格局。积极引导产业向园区集聚，资源向基地集中，形成规模效应。将长沙打造成为继环渤海湾文化创意产业圈、“长三角”文化创意产业圈、“珠三角”文化创意产业圈的新的文化创意产业增长极和具有重要国际影响的区域性文化创意中心。

与此同时，要注重引进先进生产要素，推进区域协调发展。湖南各地文化资源丰富多样，产业发展基础不同，要注重引导各区域依托并深度挖掘各地特色文化资源，变资源优势为产业优势，积极培育发展具备地方特色的文化和创意产业，推进实施差异化发展，打造特色文化品牌，形成地区比较优势，释放各区域共同发展的潜力。要打造好发展平台，促进全省文化产业要素实现良性互动，培育一批跨地区、跨行业、跨媒体的文化产业集团，鼓励文化企业“引进来”“走出去”，从而优化文化和创意产业布局，在增强核心区域，鼓励长沙等先进地区率先发展的同时，发挥带动作用，促进全省文化和创意产业全面、协调发展。目前，湖南省委、省政府正在推进的长沙望城区湘台文化创意产业园，着力引进台湾文化创意企业，规划将产业园建设成集文化创意产品研发与产销、文化交流会展、休闲度假、文创人才培育于一体的综合功能园区，重点发展休闲旅游与精致农业配套，逐步完善居住、商业、公共服务、教育等功能配套，以产业辐射带动区域经济社会发展。

（七）强化要素保障，吸引创意人才

强化文化创意产业发展要素保障的核心是降低文化创意发展的资金、

土地与人才压力。这就要求进一步提高财政支持力度，采用贴息、补贴、奖励等多种方式扶植重点文化创意产业示范园区以及公共服务平台的建设；要求进一步落实国家税收政策，对文化创意支撑产业减免所得税，对纳入增值税征收范围的国家或者湖南省重点支持的文化创意产品出口实行“零税率”；要求进一步加强金融保障，给予省级重点文化创意产业项目信贷优先支持，支持符合条件的文化创意企业上市；要求保障产业用地，优先安排重大文化创意产业项目用地计划，新建或者旧城改造建设文化创意产业的项目用地，可以享受文化体制改革的政策优惠。

此外，创意人才要素的培养和吸引是文化创意发展的根本。湖南省要积极培养文化创意产业复合型人才有以下基本路径：第一，创新人才引进机制，激发文化人才的创造活力。应大力引进急需紧缺人才。全面落实生活补助、住房保障、扶持激励等特惠政策，同时，人才引进政策不能囿于“引进”，还要注意“用得上、用得好”的问题，因而需要对部分人才进行培育，以与地方、单位的发展相融合。更为重要的是，要留住人才，以持续促进地区发展。各地的人才引进以中青年为主，为其提供包括良好的城市生活环境、优质的公共教育资源等，解决住房、子女教育问题。第二，建立产学研相结合的教育培训体系应。支持高校加大对文化创意产业人才的培养力度，加快人才培养速度，拓宽人才培养途径，设立层次分明的学科体制，要发展职业教育和民办教育，培养不同层次的人才，特别是具有博、硕层次的研发和管理型人才。第三，探索优秀人才柔性引进机制和流动机制。通过柔性挂职的方式吸引高校以及研究机构优秀人才到相关文化创意产业园区工作。

第三章

长沙市文化创意产业高质量发展路径探索

第一节　长沙市文化创意产业发展基础条件分析

创意产业的概念最早出现在 1998 年的英国，《英国创意产业路径文件》提道："所谓创意产业，就是指那些从个人的创造力、技能和天分中获取发展动力的企业，以及那些通过对知识产权的开发可创造潜在财富和就业机会的活动。"因此，文化创意产业的发展离不开以下几个因素：地理位置、经济实力水平、科学技术水平、历史文化资源的丰富程度、知识产权法律法规的健全程度以及国家和当地政府的政策支持力度。下文我们将从这六方面分析长沙市文化创意产业发展的基础条件。

一、长沙市地理位置分析

（一）"三横三纵"中心点

综观整个中国版图，存在"三横三纵"的经济格局。"三横"为黄河经济带、长江经济带以及沿海经济带，"三纵"则为东部、中部以及西部的梯度发展格局。而长沙则处于"三横三纵"的中心点，具有承东启西、接南转北的区位优势。此外，虽然长沙既不沿边，又不沿海，但改革开放以来地处中部的长沙成为"内陆的前沿、沿海的后方"，具有辐射内陆、承接沿海的双向开放优势。

（二）"一带一路"重要节点

在国家"一带一路"政策下，长沙被列为"一带一路"重要节点城市，同时长沙也是长江经济带中心城市，这都使长沙独特的区位优势日益凸显，更好地实现由"沿海的内地"到"内地的前沿"的跨越式发展。

（三）“空铁一体”、多式联运的优势

公路、铁路、水路、航空、管道等一体化多式联运的优势使长沙的交通非常便利。从长沙出发，通过沪昆高铁、沪昆高速、湘赣铁路、湘黔铁路，东连长三角经济带，西接成渝经济圈；通过京广高铁、京广铁路、京港澳高速，北抵京津冀经济圈，南达珠三角经济带。以长沙为圆心，500 千米出行半径内集聚有 5 亿多人口。此外，长沙黄花国际机场的航线网络已经辐射国内及韩国、日本、东南亚等国家和地区的大中城市，从长沙出发可直达国内外 119 个大、中城市，并有直飞欧洲、北美洲、大洋洲三条跨洲际直飞航线。

二、长沙市经济实力水平分析

地区的经济实力水平是影响文化创意产业发展的最基础条件。综观全球，文化创意产业上市公司无形资产均值排名第一梯队也都是美国、英国等发达国家。这是因为首先雄厚的经济实力可以给发展文化创意产业提供坚实的资金后盾。此外，根据马斯洛的需求层次理论，人只有在满足了基本的生理需求之后，才可能会出现更高级的比如精神文化方面的需求。所以地区经济实力的提高带来居民生活水平的提高，居民对文化产业的需求的潜力才会不断被激发。

表 3-1 至图 3-4 为 2015 年、2016 年、2017 年各主要城市的地区生产总值。可以看出，2015 年长沙市生产总值在 36 个城市中排名第 11 位，2016 年长沙市排名第 12 位，2017 年长沙市排名第 11 位。可见，长沙市经济实力在全国城市中处于中等偏上的地位。

表 3-1 2015~2017 年主要城市生产总值 单位：亿元

地区	2015 年	2016 年	2017 年
北京	23014.6	25669.1	28014.9
天津	16538.2	17885.4	18549.2
石家庄	5440.6	5927.73	6460.88
太原	2735.34	2955.6	3382.18
呼和浩特	3090.52	3173.59	2743.72

续表

地区	2015 年	2016 年	2017 年
沈阳	7272.31	5546.45	5864.97
大连	7731.64	6810.2	7363.92
长春	5530.03	5986.42	6530.03
哈尔滨	5751.21	6101.61	6355.05
上海	25123.5	28178.7	30633
南京	9720.77	10503	11715.1
杭州	10050.2	11313.7	12603.4
宁波	8003.61	8686.49	9842.1
合肥	5660.27	6274.38	7213.45
福州	5618.08	6197.64	7103.4
厦门	3466.03	3784.27	4351.7
南昌	4000.01	4354.99	5003.19
济南	6100.23	6536.12	7201.96
青岛	9300.07	10011.3	11037.3
郑州	7311.52	8113.97	9130.2
武汉	10905.6	11912.6	13410.3
长沙	8510.13	9356.91	10535.5
广州	18100.4	19547.4	21503.2
深圳	17502.9	19492.6	22490.1
南宁	3410.09	3703.33	4118.83
海口	1161.96	1257.67	1390.58
重庆	15717.3	17740.6	19424.7
成都	10801.2	12170.2	13889.4
贵阳	2891.16	3157.7	3537.96
昆明	3968.01	4300.08	4857.64
拉萨	376.73	424.95	479.25
西安	5801.2	6257.18	7469.85
兰州	2095.99	2264.23	2523.54
西宁	1131.62	1248.17	1284.91

续表

地区	2015 年	2016 年	2017 年
银川	1493.86	1617.71	1803.26
乌鲁木齐	2631.64	2458.98	2743.82

资料来源：国家统计局。

此外，中国人民大学发布的“中国省市文化产业发展指数（2017）”显示，以省会长沙为主的湖南文化产业综合指数居第七位，居中西部第一位；中国社会科学院发布的《中国城市竞争力报告 2017—2018》，在全国 294 所城市中长沙综合经济竞争力指数排名第 20 位。

根据国际经验推算，当人均 GDP 达到 1000 美元，便进入文化消费的快速启动阶段；当人均 GDP 超过 3000 美元，则进入文化消费的快速增长阶段；当人均 GDP 接近或超过 5000 美元，则进入文化消费的更高阶段或者说“井喷”阶段。因此，我们调查了 2007～2017 年长沙市的人均 GDP、城市人均消费性支出、城市人均文化娱乐消费性支出的指标，如表 3-2 所示。

表 3-2　2007～2017 年长沙市人均 GDP 和城市居民人均消费情况

年份	人均 GDP（元/人）	城市人均消费性支出（元/人）	城市人均文化娱乐消费支出（元/人）	人均文化娱乐消费支出占总消费性支出比例（%）
2007	40090	12287.83	521.39	4.24
2008	50846	12960.00	509.92	3.93
2009	57271	15447.36	744.39	4.82
2010	67212	16562.95	1113.63	6.72
2011	80441	18069.10	1244.18	6.89
2012	91025	19639.08	1358.88	6.92
2013	100906	22346.17	1319.2	5.90
2014	109195	26778.55	2187.28	8.17
2015	117076	29753.00	2818.94	9.47
2016	123265	31825.56	3325.75	10.45
2017	131207	34644.74	4010.11	11.57

资料来源：长沙市统计局。

由表 3-2 可知，2007 年长沙市人均 GDP 已达到 5000 美元，而且保持了良好的增长态势，可见长沙市的文化消费进入了更高的阶段。此外，2017 年长沙市城市人均消费性支出达到 34644.74 元，是 2007 年的 2.8 倍。城市人均文化娱乐消费支出也呈增长态势，从 2007 年的 521.39 元/人增长到了 2017 年的 4010.11 元/人，是 2007 年的近 8 倍。但是，根据 2015~2017 年各城市的生产总值数据，和一些国内发达城市相比，长沙仍有很大的进步空间。

三、长沙市科学技术水平分析

科学技术水平是文化创意产业发展的支撑要素，它不仅可以为文化创意产业的发展提供技术支持，而且有助于提高文化创意产业的劳动生产率，提高整个产业的效率。文化创意企业在创造自己的核心竞争力时，地区强大的经济实力以及高超的科学技术水平也有助于提供与核心竞争力相匹配的设备设施、管理模式、软件系统等。

长沙市“十三五”规划提出要加快文化创意产业与科技的深度融合，推动文化产品和服务的数字化、网络化进程，培育科技和文化双向深度融合的新兴业态。提出要注重以科技改进湖湘文化传播方式、丰富湖湘文化表现形式、创新湖湘文化发展样式，加强湖湘文化创意与科技创新的互动，促进文化产业升级。这些也都表现出科学技术水平与文化产业发展之间不可分割的联系。

下文将主要通过分析近三年来长沙市科研活动基本情况以及科技发明专利情况来评估长沙市的科技水平。

如表 3-3 所示，2015 年长沙有科技活动的企业有 860 家，企业科技活动人员共 56741 人，企业办科技机构数为 561 个，企业办科技机构人员共 30900 人，科技活动费用支出总额为 1400388 万元。2016 年长沙有科技活动的企业有 794 家，企业科技活动人员共 57469 人，企业办科技机构数 590 个，企业办科技机构科技活动人员 32433 人。科技活动费用支出总额为 136.92 亿元。而 2017 年长沙有科技活动的企业达到了 901 家，比上年增加了 107 家，企业科技活动人员有 54658 人，比上年减少了 2811 人，企业办科技机构数总共 690 个，比上年增加了 100 个，科技活动费用支出为 171.23 亿元，比上年增长了 25.06%。

表 3-3 2015~2017 年长沙市科研活动基本情况

年份	有科技活动的企业（家）	企业科技活动人员（人）	企业办科技机构数（个）	企业办科技机构科技活动人员（人）	科技活动费用支出（万元）
2015	860	56741	561	30900	1400388
2016	794	57469	590	32433	1369172
2017	901	54658	690	38250	1712328

资料来源：长沙市统计局。

可见，与2016年和2015年相比，2017年长沙市企业科技活动人员数量有所下降，但是其余各指标都有了较大程度的提升。科研活动越来越频繁，投入水平也有了更高提升。

由表3-4可以看出，2015~2017年长沙市专利申请数和拥有发明的专利数越来越多，可见越来越多的企业重视专利申请和知识产权，这也为长沙文化创意产业的发展提供了强有力的支撑。

表 3-4 2015~2017 年长沙市科技发明专利情况 单位：件

年份	专利申请数	拥有发明专利数
2015	8350	9568
2016	8392	11792
2017	9521	13624

资料来源：长沙市统计局。

四、长沙市历史文化资源分析

地区历史文化资源可以拉动文化创意产品的消费需求，在发展文化创意产业的过程中也起到了至关重要的作用。深厚的历史文化底蕴和独特的消费观念，为文化创意产业繁荣发展创造了良好的社会环境。

长沙有着丰富的历史文化资源，是历史悠久的文化古城。古城区内有云麓宫、爱晚亭、岳麓书院、橘子洲、天心阁等历史文化风貌区。长沙有太平街区、潮宗街区等历史文化街区和吉祥巷、古潭街、坡子街等

12 条历史街巷，其中太平街是长沙古城保存原有街巷的格局最完备的一条街。整治后的太平街区不但保留了贾谊故居、长怀井、明吉藩王府西牌楼旧址、辛亥革命共进会旧址、四正社旧址等文物古迹和近代历史遗迹，也给乾益升粮栈、利生盐号、洞庭春茶社、宜春园茶楼等历史悠久的老字号注入新的活力。长沙有靖港、乔口、铜官等历史文化名镇；有开福寺、麓山寺、洪山寺、密印寺、陶公庙、细心禅寺、浏阳公庙、戴公庙等古寺；还有一些遗址诸如长沙国王陵考古遗址、长沙铜官窑考古遗址、炭河里考古遗址以及马王堆汉墓遗址等。其中，马王堆汉墓是西汉初期长沙王丞相利苍及其家属的墓葬，2013 年 5 月 3 日，国家文物局将马王堆汉墓列入第七批全国重点文物保护单位名单。2016 年 6 月，马王堆汉墓被评为世界十大古墓稀世珍宝之一。另外，长沙还是贾谊、左宗棠、曾国藩、谭嗣同、毛泽东等许多名人的故居和墓地。在这座历史古城里，这些遗址和历史文化街区无一不散发出湖湘文化的魅力，这种湖湘文化也成为长沙文化创意产业发展的动力，为繁荣文化创意产业事业创造了良好的社会环境。

除了一些历史文化景点，长沙还有着丰富的传统民间民俗文化遗产，如湘剧、湘绣、皮影戏、长沙弹词、菊花石雕、陶瓷技艺、望城剪纸、浏阳夏布等。这些都可以转化成经济发展优势，加快文化创意产业的发展。

五、长沙市知识产权政策意见分析

健全的知识产权法律法规不仅是对文化产业产品原创性的保护，更是对创造者创造力的尊重与鼓励。健全的知识产权法律法规体系也是发展文化创意产业的基础条件。

《长沙市人民政府办公厅关于加快发展对外文化贸易的实施意见》（长政办发〔2015〕39 号）强调加大对外文化贸易知识产权的保护。《长沙市人民政府关于进一步加快国家级长沙天心文化产业示范园发展的实施意见》（长政发〔2016〕6 号）提出要促进知识产权保护，支持文化产业示范园创建全国版权示范园区，加大文化产业示范园版权基层工作站建设力度，支持版权交易平台、文化产业知识产权保护平台落户文化产业示范园，开辟知识产权维权援助绿色通道；同时鼓励文化企业知识产权质押融资，给予贴息补助。从以上政策中都可看出长沙市人民政府对知识产权的重视。

2018 年，长沙市全年申请专利 9521 件，同比增长 15.89%，其中发明专利申请 18479 件，同比增长 12.64%；专利授权 21188 件，同比增长 23.40%。其中，发明专利授权 4823 件；全市万人有效发明专利拥有量达 30.29 件，提前两年完成“十三五”规划目标，居全国省会城市前列。同时出台了《长沙市知识产权质押融资贴息和补助管理办法》，进一步加大了企业知识产权质押融资补助力度，全年共对 30 家企业和 2 家金融机构贴息 472.55 万元。

2019 年初，长沙市也做出了新的年度计划，提出了更高的要求，强化了对新兴领域新兴业态的知识产权的保护。

六、长沙市的文化产业支持政策分析

完善健全的文化产业政策体系、优化的市场环境都对文化创意产业的发展起到了关键的作用。政府对文化创意产业的政策支持可以直接给予公众信号，刺激公众的积极性，进而推动文化创意产业的发展。

《长沙市国民经济和社会发展第十二个五年规划纲要》提出，突出发展影视传媒、创意设计、动漫游戏、数字资讯等新兴文化产业，推动现代信息技术、光电技术与传统特色文化的融合。《长沙市国民经济和社会发展第十三个五年规划纲要》提出，打造具有湖湘特质的文化古城，推动文化创意与产业发展深度融合，以影视传媒、新闻出版、演艺娱乐、创意设计以及动漫游戏作为文化产业的发展重点；推动文化跨界融合发展，比如创意设计与制造业的融合、湖湘文化与旅游业的融合以及文化创意与科技的融合；扩大文化对外传播交流，提升长沙文化国际影响力，依托“金鹰电视艺术节”“橘洲国际音乐节”“汉语桥”等大型品牌文化平台，凸显长沙城市特质和文化主题；加快构建设施网络化、供给多元化、机制长效化、城乡一体化、服务普及化的现代公共文化服务体系，到 2020 年基本建成设施先进、功能齐备、运行高效、服务优质、覆盖城乡的市、区县（市）、街道（乡镇）、社区（村）的四级公共文化设施网络体系。

早在 2001 年，长沙市人民政府就制定了《关于加快文化事业和文化产业发展若干政策的意见》（长政发〔2001〕43号），提出如下政策意见：加大公益性文化设施和社区文化设施的规划建设加力度；加大财政投入力度；继续开征文化事业费；实行税收优惠的扶持政策等。

2015年，为了促进文化创意产业进入国际市场，长沙市人民政府办公厅出台了《关于加快发展对外文化贸易的实施意见》（长政办发〔2015〕39号），提出一系列对外文化贸易的扶持政策：加大市级财政资金对发展文化贸易的支持力度，整合市级文化产业发展专项资金和其他相关专项资金，重点支持对外文化贸易主体培育、境外市场拓展、创新发展和环境优化；按照国家营业税改征增值税的有关规定，落实影视媒体、出版印刷、动漫游戏、演艺娱乐、创意设计、数字资讯、中医药、视觉艺术等行业对外文化贸易企业税收优惠政策；鼓励引导金融机构创新商标权、专利权、著作权、版权、收益权、应收账款、仓单、保单质押及企业联保互保等多种贷款抵押担保方式，对符合信贷条件的国家文化出口重点企业和项目提供优质金融服务等。

2016年，为推动文化创意产业高质量发展，长沙市人民政府出台了《关于进一步加快国家级长沙天心文化产业示范园发展的实施意见》（长政发〔2016〕6号），强调创新文化产业发展模式，充分发挥文化产业示范园和特色文化产业群的示范作用和集聚效应。加大文化与科技等相关产业融合发展力度；支持文化产业示范园发起举办全国性文化创意设计大赛和领军人物峰会、全国性文化产业研讨交流会、国家级园区投融资路演及项目推介会等高端会务活动；促进知识产权保护等。

同年，为了促进文化创意产业发展成果为广大人民群众共享，长沙市人民政府办公厅出台了《关于推进基层综合性文化服务中心建设的实施意见》（长政办发〔2016〕59号），强调整合基层公共文化资源，到2020年，全市范围的乡镇（街道）、村（社区）综合性文化服务中心全部建有公共电子阅览室和文化共享工程基层服务点；加大政府向社会力量购买公共文化服务力度，鼓励支持企业、社会组织和其他社会力量参与基层综合性文化服务中心建设管理。

第二节　长沙市文化创意产业发展历程

在我国，“文化创意产业”一词最早出现在北京市的“十一五”规划中，在其中文化创意产业被界定为“以创作、创造、创新为根本手段，以文化内容和创意成果为核心价值，以知识产权实现和消费为交易特征，为社会公众提供文化体验的具有内在联系的行业集群”。2006 年，我国在《国家“十一五”时期文化发展纲要》中也提到了“文化创意产业”，这是“文化创意产业”首次出现在国家级的重要文件中。各大城市也随之开始响应国家号召，在地区“十一五”规划中强调和重视文化创意产业的重要性。长沙市也在《长沙市国民经济和社会发展第十一个五年规划纲要》中强调“发展壮大文化产业，打造文化产业知名品牌”。本节将从“十一五”时期开始介绍长沙市文化创意产业的发展历程。

一、“十一五”时期长沙文化创意产业快速发展

（一）文化创意产业项目建设全面推进

2010 年长沙市开工、在建的文化项目有 52 个，投资总额近 180 亿元，还有多个项目正在规划或即将开工。在建项目中，投资额过亿的项目有 26 个，占总数的 65%；一些大型骨干项目进入了开工建设阶段。景区综合整治工程、梅溪湖国际会展中心等项目建设进展顺利，锦绣潇湘文化芙蓉区已启动或正准备启动的文化创意产业重点项目有 16 个，预计投资将过 10 亿元。

（二）文化创意产业经济总量不断增长

2010 年，长沙开展文化创意产业活动的各类企业总共达到 56213 个，“十一五”期间年均增长 12.3%。其中法人单位 5640 家，年均增长 12.4%；个体工商户 50573 户，年均增长 12.2%。开展文化创意产业的企业越来越多，为长沙文化创意产业的发展打下了坚实的基础。2010 年，长沙文化创意产业总产出（收入）达 948.73 亿元，比上年增长 24.5%，是 2005 年的 3.1 倍；文化创意产业增加值达 453.84 亿元，比上年增长 21.2%，是 2005 年的 3.1 倍，“十一五”期间年均增长 19.0%，分别高于同期全市 GDP 和第三产业增速 3.7 个和 5.1 个百分点；文化创意产业增

加值占全市 GDP 比重达 10.0%，高于全省近 5 个百分点，占全省的比重达 54.5%，“十一五”期间提高了 0.5 个百分点，文化创意产业已经成为长沙经济发展的支柱性产业。

（三）文化创意产业内在结构得到优化

一方面，新兴文化创意产业比重提升。“十一五”期间，长沙文化创意产业逐步形成了传统文化创意产业与新兴文化创意产业竞相发展的格局。2010 年，长沙市以新闻出版、广播影视、文化艺术为主体的传统文化创意产业“核心层”创造的增加值为 90.79 亿元，占全市文化创意产业增加值的比重为 20.0%；以网络、旅游、休闲娱乐、经纪代理、广告会展等新兴文化服务业为主体的文化创意产业“外围层”创造的增加值为 188.93 亿元，占比为 41.6%；以文化用品、设备及相关文化产品生产和销售为主体的文化创意产业“相关层”创造的增加值为 174.12 亿元，占比 38.4%。文化创意产业的核心层、外围层和相关层增加值比重结构由 2006 年的 35.6∶39.1∶25.3 调整为 2010 年的 20.0∶41.6∶38.4。以“出版湘军”“影视湘军”为代表的核心文化创意产业是长沙文化创意产业的特色和优势，在全国范围内具有较大的影响力和竞争力，对长沙新兴和相关文化创意产业的发展起着重要带动作用。

另一方面，非公有制经济占比不断提高。长沙文化及相关产业在不断适应市场经济发展的同时，逐步形成多种所有制经济共同发展的新格局。2010 年，长沙市从事文化及相关产业的单位中，公有制经济单位（包括国有和集体）有 441 个，占单位总数的 0.8%，实现总收入 116.0 亿元，比上年增长 4.0%，占总收入的 12.2%；非公有制经济单位（包括三资企业、股份有限公司、私营独资、私营有限责任公司、其他有限责任公司等法人单位和个体户）有 55772 个，占单位总数的 99.2%，实现总收入 832.73 亿元，比上年增长 28.0%，占总收入的 87.8%，比上年提高 2.5 个百分点。非公有制文化创意产业经济的快速发展，为推动长沙文化创意产业大发展大繁荣做出了积极贡献。

（四）文化创意产业对经济社会的贡献率不断提高

“十一五”期间，长沙文化创意产业处于快速发展阶段，速度逐年加快。2006~2010 年文化创意产业增加值增长率分别为 16.4%、17.1%、

19.4%、21.0%和21.2%，均高于同期GDP增速和第三产业增速；文化创意产业年均增长19.0%，分别比同期GDP增速和第三产业增速高3.7个和5.1个百分点；文化创意产业对经济发展的贡献作用不断加大。2010年，文化创意产业对经济增长的贡献率达19.4%，比2006年提高7.8个百分点。

此外，文化产业成为重要的就业渠道。2010年，长沙市文化创意产业从业人员达52.22万人，比上年增长11.1%，占全社会从业人员的比重达12.3%。“十一五”期间，长沙文化创意产业从业人员年均增长15.7%，高于全社会从业人员增速11.7个百分点。

（五）文化创意产业的影响力进一步扩大

一方面，文化创意产业得到了党和国家领导人的充分肯定。“十一五”期间，党和国家领导人先后调研长沙文化产业发展情况，并给予充分肯定。中宣部多次对长沙文化产业作重点批示和推介，中央电视台、新华社、《经济日报》、《光明日报》、《中国文化报》等多家中央媒体对长沙文化产业作了百余篇专题、专版报道。省、市媒体策划了“又好又快，率先发展——长沙文化产业发展巡礼”和“文化产业大看台”等专题报道，使长沙文化产业在市内形成工作推力、市外形成强大影响，营造了又好又快、率先发展的氛围。

另一方面，各种大型文化活动先后落户长沙。近年来，先后举办长沙卡通艺术节、首届中国剧场论坛、首届中国演出娱乐博览会暨歌厅文化节、首届中华版权高峰论坛、第六届中国音乐金钟奖首届合唱比赛、酒吧节、红色文化旅游节等30余个国家级、省级赛事节会，蓝猫卡通、宏梦卡通、魅力四射酒吧等一批民营文化企业在节会上大放异彩，扩大了品牌影响力。

（六）重点文化创意行业持续发展

“十一五”期间，长沙电视、出版、动漫等重点文化产业持续发展，不仅是增强长沙文化产业竞争力的知名品牌，而且成为推动长沙文化产业持续快速发展的重要引擎和新的增长点。以动漫产业为例，“十一五”期间，长沙动漫已基本形成研发、制作、发行、播出、衍生产品开发等比较完整的产业体系。一批原创作品和动漫形象成为中国动漫行业极具影响力的品牌：拓维成为中国动漫第一股；“蓝猫”成为动漫界唯一的中国驰名商标，2010年入选“中国十大卡通形象”；全国三个知名动漫品牌长沙拥有两个。长沙高新区成为首批国家动漫游戏产业振兴基地，长沙已形成了一支生气蓬勃的动漫产业大军。

二、“十二五”时期长沙文化创意产业进入繁荣阶段

（一）文化创意产业规模不断扩大

从总体规模看，2015年长沙市文化产业实现总产出2346.3亿元，是2010年的2.3倍，2010~2015年年均增长17.7%；实现增加值774.7亿元，是2010年的2.1倍，2010~2015年年均增长16.3%；拥有年末从业人员60.8万人，比2010年增加12.2万人，2010~2015年年均增长4.6%。从产业贡献看，2015年全市文化产业增加值占GDP的比重为9.1%，较2010年提高1.1个百分点，2010~2015年全市文化产业对GDP增长的贡献率为10.4%；年末文化产业从业人员占全社会从业人员的比重为13.1%，较2010年提高1.6个百分点，2010~2015年全市文化产业对就业增长的贡献率为31.1%。

（二）文化投入和文化消费增长较快

从财政文化支出看，2015年长沙市文化体育与传媒支出为14.0亿元，是2010年的2.8倍，2010~2015年年均增长22.5%；文化体育与传媒支出占公共财政预算支出的比重为1.52%，较2010年提高0.26个百分点。此外，从2011年开始，为激发产业发展活力，长沙市设立了文化产业发展专项扶持资金，2011~2015年累计扶持文化产业项目超过800个，培育了诸如“橘子洲水幕全息投影秀项目”、动漫《姓氏王国》等一批具有较强影响力的文化项目。此外，从文化投资情况看，2015年长沙市文化、体育和娱乐业完成固定资产投资107.4亿元，是2013年的1.9倍。

从居民文化消费水平看，作为全国“第一批国家文化消费试点城市”之一，2015年长沙城市居民家庭人均文化娱乐支出2818.9元，2010~2015年年均增长20.4%，文化娱乐支出占城市居民家庭人均消费支出的9.5%，较2010年提高2.8个百分点；2015年长沙市农村居民家庭人均文化娱乐支出1082.5元，是2013年的4倍，文化娱乐支出占农村居民家庭人均消费支出的6.8%，较2013年提高4.5个百分点；2015年长沙市电

影票房收入达 5.6 亿元，是 2011 年的 3.6 倍。

（三）产业融合不断深入，文化发展再添活力

作为新兴产业，文化产业本身就是多重元素相互融合的产物，文化产业与旅游、科技和金融等行业的结合，都为文化产业开辟了新的发展空间。

一是文化助力旅游快速发展。作为全国首批历史文化名城之一以及楚文明和湘楚文化的发源地，借助于深厚的历史人文及众多的红色旅游景点，近年来长沙市旅游业实现较快发展。2015 年长沙市共接待境内外旅游者 11721.3 万人次，2010~2015 年年均增长 19.3%；实现旅游总收入 1351.5 亿元，2010~2015 年年均增长 24.2%。其中以世界之窗、海底世界及酷贝拉等为主的规模以上景区游览服务企业实现主营业务收入 4.4 亿元，同比增长 27.8%；实现利润总额 1.3 亿元，同比增长 36.9%。

二是文化科技融合不断提速。截至目前，长沙市共认定 31 家文化和科技融合示范企业，其中以拓维信息、华凯创意和明和光电等为主的 25 家规模（限额）以上企业实现营业收入 63.6 亿元，是 2013 年的 1.4 倍；实现利润总额 5.7 亿元，是 2013 年的 1.4 倍。此外，2015 年末，长沙市共有以天舟文化、中南勘察设计院及凌华印务等为主的规模（限额）以上文化类高新技术企业 65 家，比 2012 年净增 19 家；拥有资产 298.2 亿元，同比增长 24.8%；实现营业收入 297.5 亿元，同比增长 22.1%；实现利润总额 26.1 亿元，同比增长 14.9%。

三是文化金融合作日益频繁。金融是现代经济的核心，是促进经济发展的“血液”，文化产业与金融领域的合作也将成为文化企业增强发展活力、提升发展竞争力的引擎。继 2012 年招商银行长沙分行 20 亿元扶持长沙文化、旅游中小企业发展以来，2013 年国家开发银行、建设银行等银行与电广传媒、拓维信息和凌华印务共签订贷款合同超 36 亿元。与此同时，作为长沙本土的金融机构，长沙银行通过设立文化产业专营支行，在演艺娱乐、影视传媒、陶瓷、书画、收藏和烟花艺术六大板块上开展扶持，且连续 5 年在文化产业累计信贷投放超过 100 亿元。此外，相继建立了中南邮票交易中心、湖南华强艺术品交易中心、湖南文化艺术品产权交易所有限责任公司、湖南文创国际版权交易中心和联拍在线网络科技等文化用品网络交易平台，且交易品种既有普通文化用品也有古玩、

邮票等高端艺术品。

（四）多措并举提升服务，文化体系不断完善

凭借文化满意度全国得分第一的优势，2013 年长沙以总分全国第二、中部第一而成为首批国家公共文化服务体系示范区之一。

一是基础设施建设稳步推进。截至 2015 年末，长沙市共有公共图书馆 12 个，文化馆 10 个，博物馆（纪念馆）16 个，档案馆 14 个，文体中心 6 个，乡镇（街道）综合文化站 180 个，村（社区）文化活动室（中心）1424 个。其中，新建成的“三馆一厅”因创新的建筑设计和深厚的文化底蕴而成为长沙市新的文化地标。

二是文化惠民项目不断涌现。自 2013 年以德思勤、中法文双语网等为主、总投入 154 亿元的 20 个文化项目相继落户长沙以来，2014 年又有沙坪湘绣文化旅游生态园、绿城宁乡文化城等总投资 135 亿元的项目落户，2015 年再次增加“梦网科技移动互联网”等 15 个项目。其中，影响较大、投资较多的华强集团“美丽中国 · 长沙文化产业示范园”、华谊兄弟长沙电影文化城、长沙新华联铜官窑国际文化旅游度假区三大文化产业项目正在紧张施工之中，其投资总额超过 300 亿元。

三是制度保障措施强力执行。为进一步提高公共文化服务水平，长沙市委、市政府出台了《长沙市公共文化服务体系提质增效三年行动计划（2014—2016）》，按照行动计划要求，通过提高各级文化服务中心建设标准，制定硬性要求，并将其纳入市政府为民办实事工程和绩效考核，全市公共文化服务体系建设不断完善。截至目前，长沙市共打造示范性乡镇文化站 198 个、示范性村（社区）文化活动室 600 个，并扶持了 1400 多支群众文艺团队。

（五）扶持政策不断加码，上下齐心营造氛围

近年来，随着全国各地文化产业大繁荣大发展，产业竞争日益激烈，广州、深圳、杭州、武汉和成都等城市先后制定了文化产业发展规划和政策，并将文化产业作为促进经济增长的引擎。为进一步提高长沙文化产业影响力，发挥文化产业在经济转型发展中的引领和支撑作用，在市级和区县级分别设置不低于 1 亿元和 3000 万元文化产业发展专项资金的基础上，长沙市委、市政府还出台了相关扶持政策，如《长沙建设国际文化名城战略纲要》《长沙市文化创意产业发展规划（2012—2015）》和

《长沙市文化产业加快转型创新发展实施产业倍增五年计划》等。此外，长沙各区县（市）结合当地文化产业发展实际，也出台了相关扶持政策，如《长沙市雨花区促进文化产业发展扶持奖励办法》从企业入驻、文产集聚区和产业成长等方面提出了扶持措施，《国家级长沙天心文化产业园文化产业发展奖励办法》则通过设置纳税贡献奖、企业入驻奖、招商引资重大贡献奖、产业发展奖、创优创先奖和优秀企业家奖来助推文化产业发展。

（六）重点文化创意行业百花齐放

“十二五”期间，长沙文化创意产业各行业百花齐放，各有亮点。下文以广播影视业和烟花制造业为例进行阐述。

一是广播影视业精品不断。2015 年，长沙市 48 家规模以上广播电视电影服务企业共拥有资产 383.9 亿元，同比增长 12.6%；实现营业收入 132.7 亿元，同比增长 27.8%；实现营业利润 36.8 亿元，同比增长 9.3%。此外，和光传媒自主投资创作的《毛泽东》和《长沙保卫战》等电视剧反响热烈、影响广泛；中广天择在短短几年内发展到节目供应超过 350 家，覆盖人口 8 亿左右，其打造的《观点致胜》《知音人间》和《X 档案》等品牌栏目销往全国 100 多家省（市）电视台，且均获得良好收视；好样传媒联手安徽卫视、江苏卫视打造的《超级演说家》《我为歌狂》和《芝麻开门》等节目获得较好口碑；湖南卫视从韩国 MBC 引进的《我是歌手》在全国同时段节目中收视率屡获第一，其播放总量、用户关注度、媒体关注度和微博热门话题量均创下同类型节目纪录。

二是烟花制造业优势突出。烟花爆竹是我国传统文化，已有千年历史。而作为中国的烟花之乡，2015 年长沙浏阳花炮产业集群实现总产值 220.1 亿元，2010~2015 年年均增长 12.1%；实现出口销售额 30.3 亿元，产品销往美国、德国、俄罗斯等 97 个国家和地区。从产品影响情况看，第十六届上海国际音乐烟花节、香港新年和国庆焰火会演、“美丽之冠绿卡暨第 65 届世界小姐”总决赛、美国独立日、纽约新年焰火、澳门第 27 届国际烟花会演、莫斯科国际烟花节等国内外重要活动均有浏阳花炮的身影。烟花爆竹业已成为彰显长沙文化名城独特魅力的重要缩影，更是长沙建设国际文化名城的强力支撑。

第三节　长沙市文化产业发展现状

一、长沙市文化产业的总体情况

（一）文化产业成为长沙市经济的新引擎，迈入“快车道”

长沙市文化产业增加值逐年上升，占 GDP 比重均在 8%以上，依据我国对支柱性产业的定义，占国民经济比重超 5%即可定义为支柱性产业，文化产业无疑是长沙市的支柱性产业之一。从增长速度来看，除 2016 年增长速度稍慢以外，其他速度都在 10%以上，远超 GDP 增长速度，可见长沙市文化产业迈入“快车道”，进入了加快发展的黄金期（见表 3-5）。与此同时，长沙市文化产业的就业人员从 2011 年的 50.3 万人增长到 2017 年的 64.3 万人，就业人数大幅增加，意味着长沙文化产业发展空间的增大，就业岗位的增多，以及该行业的吸引力的提升。

表 3-5　2011~2017 年长沙市文化产业增加值、占 GDP 比重及增长速度

年份	文化产业增加值（亿元）	文化产业增加值占 GDP 比重（%）	文化产业增长速度（%）
2011	455.2	8.01	—
2012	518.4	8.00	13.88
2013	597.0	8.24	15.16
2014	688.9	8.68	15.39
2015	774.7	8.98	12.45
2016	811.2	8.67	4.71
2017	902.6	8.84	11.27

资料来源：长沙市统计局。

与湖南省内其他城市相比，长沙市文化产业的发展体现出了一定的首位度。2017 年，湘潭市、常德市、郴州市、娄底市的文化产业增加值分别为 312 亿元、145.7 亿元、130.13 亿元、67.78 亿元，而长沙市的文化产业增加值达到 906.2 亿元，远高于其他市（州），占湖南省文化产业增加值 2196 亿元的近半壁江山（41.27%）。与中部五省省会城市相比，

2017 年武汉市文化产业增加值达到 619.10 亿元，郑州、合肥、南昌等城市的文化产业增加值更低。长沙市立足于打造“国家创新创意中心之文化创意中心”，领跑中部省会城市。

（二）文化产业结构优化升级，细分领域优势明显

按照我国的文化产业统计口径，文化产业增加值主要来源于三个部门：制造业、批发零售业和服务业。2017 年，长沙市文化产业中制造业实现增加值 603.8 亿元，占比为 66.9%；批发零售业实现增加值 52.8 亿元，占比为 5.8%；文化服务业实现增加值 246 亿元，占比为 27.3%。一般来说，制造业有较长的供应链，现阶段的一些研究也表明，制造业的全要素生产率相对来说更高，在避免出现过度服务化的发展路径中，长沙市的文化产业仍然是制造业为主导。

分类别看，“文化产品的生产”实现增加值 264.7 亿元，占比为 29.3%，同比增长 15.2%；“文化相关产品的生产”实现增加值 637.9 亿元，占比为 70.7%，同比增长 9.7%。从文化产业十大类别看，以广播电视电影服务、文化艺术服务、文化信息传输服务、文化休闲娱乐服务、文化用品的生产和文化专用设备的生产等领域增加值增幅超过全市平均水平，其中文化信息传输服务业同比增长 50.5%，文化休闲娱乐服务业同比增长 36%，文化艺术服务业同比增长 22.2%。长沙市在多个细分领域实现多极增长（见表 3-6）。

表 3-6 长沙市优势细分产业

产业	产业优势
烟花产业	烟花爆竹是我国传统文化，已有千年历史，湖南长沙浏阳、株洲醴陵和江西宜春万载、萍乡上栗是我国四大花炮传统主产区，占据了全球花炮产值的 80%。从地图上看，四个地区以上栗为中心，醴陵、万载、浏阳在地理上构成一个“三角形”，因此被称为中国花炮“金三角”。已形成以金生花炮、复兴烟花、恒信烟花、银意烟花和熊猫烟花为核心的烟花爆竹产业集群。“浏阳花炮”“东信烟花”等 7 个品牌被认定为中国驰名商标，金生烟花被列为“中华老字号”名录。此外，“橘子洲烟花”至今已燃放 200 多场次，每场时长 20 分钟，平均每场吸引 20 余万游客，成为展示“快乐长沙，宜游胜地”城市形象的重要载体，也成为长沙城市新名片

续表

产业	产业优势
广电业	湖南卫视的《天天向上》《快乐大本营》两档老牌综艺节目依然深受欢迎，湖南广播电视台制作的《青春集结号》、和光传媒制作的《秋收起义》、芒果娱乐制作的《我们的少年时代》三部作品荣获第31届电视剧“飞天奖”优秀电视剧提名作品；以湖南广播电视台、快乐阳光互动娱乐传媒和中广天择为主的“广电湘军”不仅是长沙文化产业的重要组成部分，对全国广播电视产业的发展也起到重要作用
出版业	中南传媒资产总额、营业收入和所有者权益均超过百亿元，成为全国三家“三百亿”出版上市公司之一，公司连续十届入选“全国文化企业30强”中南传媒市值和利润近三年保持出版上市公司第一，蝉联“世界媒体500强”；《经济地理》等三种期刊入选“中国最具国际影响力学术期刊”，《中国有色金属学报》《中南大学学报（自然科学版）》入选“中国国际影响力优秀学术期刊”，《时代邮刊》期发量位列全国邮发期刊第一名

二、长沙市文化产业的优势企业、园区基地与项目

（一）龙头企业引领发展，培育行业标杆

长沙共有文化产业单位8万余家，从业人员63万余人。从上市文化企业发展情况看，目前已上市文化企业7家，新三板上市企业14家，拟上市文化企业27家，优势文化企业主要集中在新闻出版、广播电视、新媒体运营方面。优势文化企业的形成要历经多年的发展，成为行业标杆，有一定的示范效应，优势文化企业的聚集也对当地的市场规模、产业环境有极大的推动作用。

中南出版传媒集团（以下简称“中南传媒”）是一家综合性出版传媒集团，该公司经营业务涵盖图书、报纸、期刊、框架媒体等多种媒介，集编辑、印刷、发行各环节于一体，拥有出版、印刷、发行、印刷物资供应等一套完整的出版产业链，该公司于2010年上市。同一时间上市的还有天舟文化股份有限公司（以下简称“天舟文化”），它是一个致力于在中国民营出版传媒行业的教育、娱乐、文化领域提供优质的资源与服务的公司，以图书研发发行为基础产业，积极开拓教育资源与服务、移动互联网娱乐、优秀文化的传承与传播三大领域。湖南华凯文化创意股份有限公司（以下简称“华凯创意”）依托于空间设计、沙盘模型制作、数字多媒体

集成领域的杰出实力，专业为城市规划馆、博物馆、主题馆、人文馆、企事业展厅提供整体策划、方案设计、模型制作、多媒体展项制作、施工安装等全方位“一站式”服务，于2017年在深交所A股创业板上市。

在广电领域，湖南电广传媒股份有限公司（以下简称“湖南电广”）是一家有线电视网络相关服务提供商，提供广告发布、代理、策划、制作，影视节目制作发行和有线电视网络信息传输服务，于1999年上市。中广天择传媒股份有限公司（以下简称“中广天择”）是一家全媒体视频内容制作与营销公司，主营除新闻外的电视、互联网和手机电视等视频内容的制作、发行和营销；以自主生产的视频内容为核心的衍生价值的开发，于2017年8月上市，火遍全国的《朗读者》即为中央创造传媒和中广天择联合打造。芒果超媒股份有限公司“芒果超媒”，由“快乐购”更名而来，公司主营业务是新媒体平台运营、新媒体互动娱乐内容制作、媒体零售业务等。

（二）示范园区集群发展，优化空间布局

截至目前，长沙市拥有国家级园区（基地）12个；省级园区（基地）19个，其中，省级文化产业示范园区14个，省级特色文化产业园区（基地）5个；市级文化产业园区（基地）14个。2017年，长沙市承办全国文化产业园区工作会，其中长沙天心文化产业园为中部五省唯一的国家级文化产业示范园区，中南国家数字出版基地是继上海、重庆和杭州之后的第四个国家级数字出版基地（见表3-7）。天心广告产业园引进了全国首批“国家工商总局商标局商标受理窗口”和“商标质押点”两个国家级行政审批前置窗口，成功申报全省众创空间示范基地；大力推进雨花“非遗”特色街区建设，目前，已入驻非遗项目359个（含世界级项目10个、国家级项目55个），入驻传承人200余名，发挥集聚效益，助推非遗产业的传承与保护。

表3-7 长沙市文化产业示范园区、基地名单

名称	类型
长沙天心文化产业园	第四批国家级文化产业示范园区
红太阳娱乐有限公司	第一批国家文化产业示范基地

续表

名称	类型
三辰卡通集团	第二批国家文化产业示范基地
湖南宏梦卡通传播有限公司	第三批国家文化产业示范基地
湖南大剧院	第四批国家文化产业示范基地
拓维信息系统股份有限公司	第四批国家文化产业示范基地
湖南明和光电设备有限公司	第五批国家文化产业示范基地
湖南金霞湘绣有限公司	第五批国家文化产业示范基地
湖南华凯文化创意股份有限公司	第六批国家文化产业示范基地
国家文化产业园、广告产业园	全国版权示范园区
中南数字出版基地	国家数字出版基地
麓谷动漫振兴基地	国家动漫游戏产业振兴基地
马栏山视频文创产业园	国家级广播电视产业园

以长沙天心文化产业园为例，该园区聚合了文化产权交易所、版权登记中心、商标注册中心、知识产权保护中心等产业发展要素功能，推动文化产业各要素充分自由流动。中南国家数字出版基地、长沙国家广告产业园、国家音乐产业基地湖南园区、国家地理信息产业湖南园区纷纷落户，激发产业活力，多元发展。该园区搭建了创业孵化平台、政策服务平台、人才培训平台、交流展示平台、知识产权保护平台、金融服务平台，全方位扶持和服务企业发展。

（三）优势项目驱动发展，夯实产业基础

湖南锦绣神州影视文化传媒有限公司的《锦绣神州之奇游迹》、湖南师范大学的俄罗斯喀山大学孔子学院、长沙理工大学的黑山共和国大学孔子学院三个项目入选湖南省对接“一带一路”行动方案项目清单。

马栏山视频文创产业园是长沙市“十三五”期间主抓的一个项目，正成为长沙转型升级发展的新引擎。针对该园区，长沙市人民政府办公厅专门制定出台了《关于印发长沙市马栏山视频文创产业园系列支持政策的通知》，全力打造集数字视频创意、软件业、版权及衍生为一体的具有国际影响力的视频文创园，马栏山视频文创产业园已有471家企业注册落地，西瓜视频、字节跳动等“独角兽”纷至沓来，500多个海内外知名视频项目由马栏山视频文创产业园孵化，总播放量达10亿次以上。2018年，该园区视频文创企业实现产值400余亿元，成为长沙经济新的增长点。

三、长沙市文化产业融合发展情况

（一）文化与科技融合发展

作为首批国家级文化和科技融合示范基地之一，长沙文化科技融合示范企业标杆作用日益显现，产业融合发展成果不断涌现，文化科技元素逐渐增加，文化产品体验感提升。从示范企业看，2017年长沙市规模以上市级文化科技融合示范企业实现营业利润10.6亿元，同比增长63.2%。从融合成果看，明和集团通过3D Mapping技术及特殊的影像处理手法制作的《花脸·龙里》在第二届隆里国际新媒体艺术节中惊艳亮相，好评无数；由华凯创意运用精品文物、图片、雕塑、复原场景、视频、AR增强现实、多媒体展示、触摸体验等多种形式设计的长沙历史文化陈列是第一个系统展示长沙地区历史文化的通史展览，多样地呈现了长沙历史画卷；作为2018长沙媒体艺术节暨“一带一路”青年创意与遗产论坛的主体活动之一，《烟花一夜》数字光电烟花秀借助各种特效烟花，并配合最具特色的印象呈现、现场嘉宾互动，通过“人和船、船和焰、焰和景、景和城”四维联动，极大地增强了观看者的感官体验。

（二）文化与旅游融合发展

目前，长沙共有岳麓山橘子洲旅游区、湖南省博物馆、世界之窗、靖港古镇等49家A级景区。得益于深厚的历史文化底蕴和丰富的文化旅游资源，2019年1~8月，长沙实现旅游收入1315.46亿元，同比增长17.39%，接待旅游人数10790.99万人次，同比增长14.93%。其中，国内旅游收入1286.49亿元，入境游收入43775.75万美元；接待国内旅游人数10695.58万人次，接待入境旅游人数95.41万人次。发展全域旅游，浏阳市、宁乡市、长沙县入选中国县域旅游竞争力百强县，推荐了望城区、浏阳市为省级全域旅游示范区。

一批重大文旅融合项目开门营业。新华联铜官窑古镇景区内拥有八大博物馆、五大演艺中心、三个星级酒店、20家民宿客栈、18处人文景点、四大亲子游乐项目，小镇以唐风建筑为主，将再现千年前的大唐长沙景象。一期工程建设的意大利小镇，由水城威尼斯和山城阿西西组成，结合华谊电影场景，融入意大利小镇的城市特征及建筑风貌，打造文旅融合互动的新商业业态。美丽中国文化产业示范园一期项目长沙方特东方神画主体项目全部封顶，装饰全部进场工作，部分项目进入设备调试收尾阶段。作为“文化+旅游”的典型代表，长沙市于2017年打造的宁乡炭河古城是湖南省唯一、全国最大的西周文化主题公园，开业106天旅游人数突破百万，其推出的《炭河千古情》不断刷新湖南省大型旅游演出场次最高、观众数量最多两项纪录。在旅游事业方面，2017年长沙荣获2017十大休闲度假旅游目的地、2017最美中国国际知名旅游度假城市、全域旅游创建典范城市等荣誉。

四、长沙市对外文化贸易情况

长沙成功入选全国首批国家文化出口基地。2017~2018年度国家文化出口重点企业和重点项目名单中，长沙有7家企业上榜。以影视、出版、演艺、动漫为代表的长沙文化产品“走出去”步伐加快。中广天择联合央视制作《朗读者》，在全国掀起文化类节目创作热潮，节目出口法国；天舟文化入选“世界媒体500强”，与摩洛哥文化部共同主办了《屠呦呦传》阿语版全球首发仪式、“艺术中国”主题展、儿童指印画和艺术大画毯现场体验等六大出版与文化交流及体验活动。“山猫吉咪”品牌动漫节目及产品已经出口到全球70多个国家和地区，出口总额超过5000万美元。湖南金霞湘绣出口至美国、英国、日本等15个国家和地区，2017年出口总值达830万美元。

第四节 长沙市文化产业发展的主要经验

一、健全完善的政策体系营造良好发展环境

近年来，长沙市编印了《长沙文化产业发展报告》（蓝皮书、白皮书），形成了《长沙文化产业的支柱产业构成、结构调整及产业前景研究》，起草了《长沙市文化产业发展研究报告》，全面梳理全市文化产业发展现状；出台了《长沙市人民政府办公厅关于加快发展对外文化贸易的实施意见》《长沙市“十三五”文化改革发展规划》《长沙市加快推进

文化创意和设计服务与相关产业融合发展行动计划（2015—2017 年）》《长沙建设国家创新创意中心之文化创意中心三年行动计划（2018—2020 年）》《长沙市文化产业发展专项资金管理办法》及实施细则等政策，整体规划发展路径，为文化创意发展谋篇布局（见表 3-8）。

表 3-8 长沙市文化产业主要政策

类别	文件名称
规划类	《湖南省“十三五”时期文化改革发展规划纲要》
	《长沙市“十三五”文化改革发展规划》
	《长沙市文化创意产业发展规划》
行动计划类	《长沙市加快推进文化创意和设计服务与相关产业融合发展行动计划（2015—2017 年）》
	《长沙建设国家创新创意中心之文化创意中心三年行动计划（2018—2020 年）》
细分行业类	《长沙市会展业促进办法》
	《长沙市实体书店扶持办法》
	《促进长沙市印刷业发展若干政策规定》
	《长沙市非国有博物馆管理办法》
文化贸易	《长沙市人民政府办公厅关于加快发展对外文化贸易的实施意见》
资金支持类	《长沙市文化产业发展专项资金管理办法》
文化消费类	《长沙市委市人民政府文化消费试点工作实施方案》
园区类	《关于进一步加快国家级长沙天心文化产业示范园发展的实施意见》
	《关于印发长沙市马栏山视频文创产业园系列支持政策的通知》
	《长沙市人民政府关于支持长沙（国家）广告产业园发展的意见》
服务业	《长沙市人民政府办公厅印发关于提升服务业发展规模与质量若干措施的通知》
知识产权保护	《关于加强知识产权保护与运用支撑长沙创建国家中心城市的实施意见》

外部政策叠加，多重利好助力长沙文化产业发展。2017 年长沙先后发布了工业 30 条、人才新政 22 条、科技创新“1+4”和开放型经济“2+4”等重磅政策，一系列政策的颁布将对长沙文创企业在降低运营成本、推进转型升级、人才培养及文化产品出口等方面给予扶持，有助于长沙

文化产业的融合发展和经济外向度的提高。此外，《关于进一步加快国家级长沙天心文化产业示范园发展的实施意见》《关于印发长沙市马栏山视频文创产业园系列支持政策的通知》《长沙市“十三五”现代服务业发展规划》等产业扶持政策也将为长沙文化产业的发展打造政策高地。

长沙市的城市定位也为长沙市文化产业的发展提供了良好的外部条件。长沙市发展目标是建设国家中心城市，打造国家创新创意中心，成为全国重要的文化创新、运营、交易和体验中心。这一目标将使长沙不断优化资源配置，加快建设高铁会展新城，积极推进马栏山视频文创产业园建设，注重文化与第一、第二、第三产业融合发展，充分发挥长沙“媒体艺术之都”的品牌优势，扩大长沙文化国际影响力，这些均为长沙文化产业发展壮大提供了良好的发展机遇。

二、持续不断的内容创作为长沙市文化产业发展提供核心动力

优秀的内容原创力与传播力是长沙市文化产业发展的不竭动力与源泉，也是长沙市文化产业独领中部地区，乃至在全国都有一定影响力的核心竞争力。文学湘军、广电湘军、出版湘军、动漫湘军、演艺湘军、娱乐湘军的背后，是精良的内容制作队伍，是多年来在内容领域深耕细作积累的长期优势。文化产业是内容为王，在各领域诞生的 IP 资源，又通过全媒体运营包装，形成叠加效应。比如，早些年大家熟知的《恰同学少年》先在出版业界掀起热潮而后又拍摄为电视剧，完美演绎了红色文化；《快乐男声》挖掘新秀，通过湖南卫视一系列节目包装打造，最终造就新星。

长沙市充分发挥“金鹰影视文化城”的带动效应，强化“影视制作—发行—播映—衍生产品开发”的一体化建设，延伸产业链。推进影视传媒业与网络游戏业、信息服务业、零售商业的嫁接，形成杂交优势，催生文化创意产业的新型业态。芒果超媒诠释了这一模式，其持续打造以芒果 TV 为核心，涵盖影视制作、综艺节目、艺人经纪、音乐版权、游戏互动、消费金融、电视购物等在内的全产业链。天娱传媒、芒果娱乐、芒果影视、芒果互娱聚集产业链相关环节发力，夯实主业，创新发展模式，取得了良好经济效益。中南传媒在推动传统媒体与新媒体融合中创新发展新闻出版业，重点发展电子出版物、数字图书、互联网音像出版

物、纸质有声读物、手机出版物等以数字化内容、数字化生产和数字化传输为主要特征的出版新业态。长沙市还发挥“原创动漫”的优势，加快麓谷动漫游戏信息城建设，引进一批世界知名动漫企业，进一步壮大现有的蓝猫、宏梦、拓维、山猫等动漫与游戏企业。鼓励并引导企业开发动漫与游戏新产品，催生手机动漫、手机游戏、图书、玩具等业态，形成创意、制作、营销、播放、版权交易、衍生品开发的完整产业链和盈利模式。

三、完善的平台建设为文化产业发展提供良好支撑

一是积极发挥统筹协调作用，联动各方资源，推动产业平台建设。成立了长沙市文化创意产业协会，积极与德国湘商总会，深圳市、厦门市文创协会等签订战略合作协议；开通了“长沙市文化创意产业协会”公众号，组织优秀文化企业赴上海、深圳、厦门等地学习考察先进发展经验，与各区、县（市）协会组织开展行业交流活动，及时为文创企业提供展示、交流和资讯服务。注重产业人才培养，每年与复旦大学、浙江大学、湖南大学等国内知名高校开办一次文化产业发展高级研修班，学习文化产业前沿理论。

二是积极搭建文化产业节会平台。成功举办了长沙图书交易会，金鹰电视艺术节、汉语桥、移动互联网岳麓峰会、橘洲音乐节、中国·长沙印刷产业博览会、湖南（长沙）国际收藏产业博览会、“相约长沙最美乡村”长沙文化创意产业创新创意大赛、文创十大工匠首届“金手指”传人评选、中国雨花非遗文化艺术节等品牌节会，并组织优秀文化企业参展深圳文博会，连续两年获得优秀组织奖、优秀展示奖。

四、实施“文化+”战略，推进多元发展

（一）科技拓展文化产业发展边界

依托湖南国家级文化与科技融合发展示范基地平台，充分发挥科技与信息化等基础优势，加快完善文化科技融合支持政策，大力优化文化新业态发展环境，不断增强文化新业态核心竞争力，推进文化科技融合发展成为长沙文化产业转型升级的加速器。支持文化企业进行科技投入、技术创新，以技术提升文化创作、生产、销售以及传播方式，促进文化

产业转型升级。加快引进知名文化科技企业，将重大文化科技项目纳入国家相关科技发展规划，促进科技成果在文化领域的转化，增强文化产业的核心竞争力。

健全以企业为主体、市场为导向、产学研相结合的文化技术创新体系，培育一批文化科技企业并产生示范和集聚效应。以项目为纽带，推动文化科技融合发展。全市每年设立不低于5000万元的文化科技融合发展重大攻关项目资金，每年支持50个左右重大文化科技攻关项目，加强对项目的管理、中期检查和结项验收，确保项目取得实效。加强国家文化产业创新发展各类专项资金项目的申报组织工作，鼓励拓宽项目与经费来源，对成功申报国家级及省级项目的企业或科研机构等，予以不同程度的奖励。各县（市、区）制定相应的配套支持政策，推进文化科技融合发展。长沙市持续开展文化和科技融合示范企业认定工作，截至目前，已认定文化与科技融合示范企业43家。开办文化类高新技术企业认定培训班，支持引导文化企业进一步加大科技投入，提高自助创新能力，增强文化实力和科技竞争力。

（二）金融助推产业加速发展

一是设立发展基金。长沙市天心区设立了5亿元的创业创新发展基金，并与金融机构合作，通过财政资金铺底设立了1.5亿元的随借随还中小企业资金池；同时，在长沙率先实现商标质押贷款，为企业提供100%基准利率贴息的政策补助。二是推进长沙文化金融服务中心建设。长沙市天心区积极创建全国文化金融合作示范区，举办“2018天心区人民政府与中证机构间报价系统股份有限公司签约仪式暨文创平台项目培训推介会”，打造文化创意金融综合服务平台，并将天心文化园区作为长沙市推进文化金融合作试验区、文化自贸区创建的试点单位。三是与中国农业银行进行协调对接，长沙市文广新局与中国农业银行股份有限公司长沙分行签订《战略合作框架协议》，农行长沙分行三年授信150亿元支持文化产业发展。

2017年长沙文化体育娱乐业投资额为279.7亿元，同比增长31.9%，增幅远高于全市固定资产投资额增速；文化体育娱乐业投资额占全市固定资产投资额的比重为3.7%，较上年提高0.5个百分点。从具体文化项目看，作为湖南省规模最大、功能最全、全国领先、国际一流的国际文化艺术中心，梅溪湖国际文化艺术中心总投资达28亿元。

（三）加强文化产业与旅游业融合发展

在文化旅游项目建设、节会品牌打造、共享平台建设等方面着重发力，推动文化旅游发展迈上新台阶。

一是推动文化旅游重大项目建设。截至目前，梅溪湖国际文化艺术中心、炭河古城已建成开园，美丽中国·长沙文化产业示范园一期——华夏历史文明传承主题园、浏阳河文旅产业带、田汉戏剧艺术文化产业园、潮宗街、白沙液等历史文化园（街）区，恒大童世界、湘江欢乐城、湘军文化园、后湖国际艺术园、恒大海花谷、花明楼红色文化名镇等重大文化旅游项目正在加速推进。未来三年，文化旅游项目的相继建成将为创建国家创新创意中心和文化创意中心提供重要发展基础。

二是打造文化旅游节会品牌。精心打造《浏阳河上》大型实景情景剧文化品牌，举办了第五届浏阳河音乐节、"一起来唱浏阳河"非遗文创艺术展，在各国各地开展全球大传唱、产业大巡演，夏布、菊花石、油纸伞、贡纸、活字印刷等浏阳河流域的20多种文创品牌原态出征。举办了"湘约世界""湘约鹏城"非遗艺术展、海上音乐汇、湖畔狂欢夜等活动进一步传播"一起来唱浏阳河"，"浏阳河"文化品牌得到了更大范围的传播。同时，通过包装旅游产品参加深圳文博会、第六届国际旅游项目投资大会等国际国内重大活动，湘江古镇群获评"海外游客最想去的旅游目的地"称号，"一处湘江古镇群、尽览湖湘文化史"的品牌形象深入人心。

（四）文化消费与文化产业良性互动，为文化产业提供发展后劲

一是开展了长沙市文化消费品牌榜评选及文化消费十大园区（基地）等认定活动。遴选挂牌了300家文化消费试点合作单位，经自愿申请、初审推荐、集体审议、长沙市政府审定、媒体公示等程序，评选认定了"文化消费十大地标""文化消费十大品牌""文化消费十大创意""文化消费示范单位（100家）""文化消费十大园区（基地）""文化消费十大企业""文化消费十大节会"，同时表彰国家文化消费试点工作先进单位22家。

二是为引导和扩大城乡居民文化消费，印发了《长沙市文化消费试点工作实施方案》，方案确定了市级层面按年投入5000万元以上用于文

化消费，其中政府购买公共文化服务 3000 万元，各区、县（市）每年投入文化消费资金 100 万元以上，积极推动“悦读、悦艺、悦享、悦游、悦动、悦荟”六大系列文化品牌活动。2017 年，长沙城镇居民教育文化娱乐人均消费支出 6378 元，同比增长 11.1%；教育文化娱乐消费支出占人均消费总支出的比重为 18.4%，较上年提高 0.4 个百分点。在影视方面，截至 2017 年底，长沙共有影院 90 家、银幕 579 块，总座位 7.4 万个；全市年观影人次达 2149 万，放映场次达 105.8 万场，电影总票房首次突破 7 亿元大关，达 7.03 亿元，同比增长 19.4%，占全省票房的 45.2%，是 2013 年的 3 倍多。

五、实施文化产业“互联网+”行动，推进文化产业数字化发展

（一）加快推进移动互联网与文化产业的深度对接

以文化为资源，以创意为手段，大力培育新型互联网内容企业，开发互联网领先技术，在内容管理和分发、视频分发、智能搜索、数据分析、网络支付等领域形成优势。大力推动新媒体发展。“智慧长沙”App 结合热点和突发新闻原创的“爆款”短视频，在 App 和各分发平台点击量达到几十万。建立了由官方网站、微信、微博、头条号等组成的传播矩阵，2017 年矩阵传播总点击量过亿。长沙广电推动新媒体与传统电视深度融合，上线短秀 App。2017 年 6~11 月，短秀项目总收益共计 147.4 万元，在腾讯、新浪、爱奇艺等渠道同步运营，全渠道总点击率累计 8387.8 万次，签订影视宣发年单共计收益 100 万元。

（二）大力发展“互联网+高新技术+文化创客”模式

发展数字技术，强化文化与互联网融合，打造了全媒体内容投放平台。中广天择“千台一网”大生态圈成型，包括剧盟、节目联供网和节目购。“地面频道电视剧联盟”，已先后与十几家省级、省会级地面电视台实现合作。“节目联供网”搭建了一个常态、系统的平台，每天为 500 余家合作电视台提供大时段的固定节目，每天交易量累计超 1100 多小时。以数字技术推动文化传播。国安网络举办“人工智能长沙项目落地仪式”，正式揭开“广电+人工智能”智慧场景落地的序幕；同时建立花鼓戏网络专业板块，集合近百部花鼓戏经典剧目，借数字技术宣扬本地花鼓戏传统文化。联合中信国安落地国安社区项目，通过运用互联网、云

计算及大数据等创新技术，以社区及社区居民为服务对象，搭建“线上+线下”“一站式”的社区共享平台。

第五节 长沙市文化创意产业发展中存在的问题与对策建议

一、存在的主要问题

目前，长沙的文化创意产业经过全市上下长期的不懈努力，取得了不错的成绩。2017 年 11 月，长沙被联合国教科文组织评为中国首座“世界媒体艺术之都”城市。在建设“国家创新创意中心”的过程中，长沙市也在不断加大政策支持力度，多措并举，促进文化产业的繁荣发展。

对比长沙市与其他经济规模发展相近的城市，我们发现长沙市的文化创意产业依然存在以下几个方面的制约。

（一）特色文化标识度不高，文化创意产业数量不足

长沙有“屈贾之乡”“潇湘洙泗”之称，历史遗迹丰富。从马王堆汉墓、三国吴简、铜官窑，到岳麓书院，诸多古迹都是湖湘文化的生动体现。但是，对比西安的兵马俑、杭州的西湖、南京的中山陵、成都的杜甫草堂等，长沙市的文化标识，在全国范围内辨识度依然不高。

同时，长沙文化创意相关产业的数量仍显不足、活跃度有待加强。截至 2019 年，长沙市共有博物馆 36 座，而西安市共有博物馆 131 座，武汉市共有博物馆 114 座，成都市共有博物馆超过 150 座，洛阳市共有博物馆 69 座，广州市共有博物馆 51 座，杭州市也有超过 50 座博物馆。仅博物馆一项，长沙在经济发展水平相近城市间的位次靠后。近年来，以故宫博物院、陕西省历史博物馆为代表的地区博物馆，不断推出自己的周边创意开发。但在湖南省博物馆与长沙市博物馆并未看到活跃的相关文化周边二次开发。从这个方面来说，长沙市文化的活跃度也有待加强。

（二）文化创意产业的内涵挖掘度不够深

长沙的文物古迹丰富，马王堆汉墓遗址、四羊方尊、大禾人面方鼎等都出土自长沙，湖南省博物馆与长沙市博物馆的藏品，也是了解湖湘文化与荆楚文化的重要窗口。但是与国内其他文物丰富的城市相比，长沙市对自身文物的宣传、研讨解读，以及文化周边的开发都仍显不足，

在全国范围内没有较高的知名度。

（三）人才匮乏、低水平重复建设问题开始显现

长沙市文化创意产业的人才队伍虽然近年来不断成长壮大，但人才总量、素质和结构仍须大幅度提升，特别是兼具专业和管理能力的复合型人才还很匮乏。同时，人才匮乏在很大程度上导致了长沙市文化创意产业低水平重复建设的趋势。长沙市不少区县将文化创意产业确立为当地的支柱产业，兴建了不少园区，但园区建设以基础设施为主，对园区的发展定位没有充分考虑，导致不少园区定位相似，产品雷同。

（四）促进文化创意产业发展的举措还不够充分

长沙市虽然已经出台了一系列与支持文化创意产业发展的金融、科技等扶持政策，但是与西安、杭州等城市相比，政策的扶持力度与灵活程度仍显不足。同时重要的文化论坛、会议的数量还有待提高。目前，长沙市还缺少宣传和推荐本地文化企业和文化品牌的国家级文化展会。

二、长沙市加快文化创新产业发展的建议

（一）挖掘地方文化标识，打造文化创意产业高峰

1. 湖湘人才与书院文化

“惟楚有才，于斯为盛。”近代以来，湖湘人才以联袂而起、结群而强著称于世。先后涌现了六大影响中国政治进程的人才群体：以陶澍、魏源、贺长龄等为代表的经学主变派；以曾国藩、胡林翼、左宗棠、郭嵩焘等为代表的理学经世派；以谭嗣同、唐才常、沈荩、杨毓麟、熊希龄等为代表的资产阶级推新改良派；以黄兴、蔡锷、陈天华、宋教仁等为代表的资产阶级革命派；以谭延、杨度等为代表的君主立宪派，以及以毛泽东、蔡和森、何叔衡等为代表的新民学会派。这一批又一批的人才群体在中国近代社会舞台上扮演了重要的角色，在中国历史上留下了浓墨重彩的篇章。

同时，中国是书院制度的发源地，岳麓书院是古代书院留存至今的重要代表。以岳麓书院为代表的书院文化的源远流长，也是湖湘人才繁盛的重要因素。曾国藩、左宗棠、魏源、王夫之、杨昌济等一大批湖湘人才均与岳麓书院有关。

2019 年 7 月，在阿塞拜疆首都巴库举行的第 43 届联合国教科文组织

世界遗产委员会会议上，朝鲜王朝时代9处主导推广性理学的教育设施以“韩国书院”之名入选世界文化遗产。“韩国书院”的入选，一方面是对书院文化在世界文化遗产中重要性的肯定；另一方面也对我们关于书院文化的挖掘与传承提出了新的要求。

长沙市在文化标识的挖掘过程中，可以寻找文化标志中的联系，将重要的文化标识如“湖湘人才”与“岳麓书院”等IP聚集起来，提高文化标志的辨识度。同时，应探索新的文化发展模式，打造有生命力的文化大IP。

2. 深挖文物内涵，推介荆楚文化

青铜器是我国历史上著名的礼器，尤其是四羊方尊的出土地长沙宁乡有着“中国南方青铜文化中心”的美誉。

在中国青铜器之乡的陕西省宝鸡市，因为发现了出现了最早的“中国”两字的国家首批禁止出国文物——何尊，宝鸡市政府推出了“看中国，来宝鸡”的宣传语。同时，何尊在央视的展现，以及国家各大主要博物馆的巡展也非常有效地提高了城市的知名度。因此，深挖文物内涵，进行创新推介，也能有效地提高地方的文化辨识度与影响力。

3. 加强地方扶持，创新“湘菜”发展

民以食为天，饮食文化是地方文化的重要载体，早在汉朝，湘菜就已形成菜系，目前湘菜也是中国历史悠久的八大菜系之一，是厚重的湖湘文化的表达。在国内，主打湘菜的餐饮企业，已经在激烈的市场竞争环境下，取得了不俗的成绩。在海外，“左宗棠鸡”等具有湖湘文化的菜肴也早已成为国外家喻户晓的中餐代表菜式。近年来，“湘菜出国”“湘菜走进联合国”也成为近几年美食界的热门话题。从“湖南文化走进法国”等文化交流活动，湘菜征服了欧洲人的味蕾；到“湘菜飘香联合国”推广活动走进北美，湘菜大师们用地道食材，向外国友人们送上了“毛家富贵红烧肉”“左宗棠鸡”“剁椒鱼头”等经典美味，成为国际美食的“网红”菜系。中资背景的湘菜餐饮也在继粤菜、淮扬菜、川菜之后开始了在海外美食行业的布局。

地方特色餐饮在规范化、规模化、国际化发展的过程中，地方政府与行业协会的参与和扶持必不可少。例如“沙县小吃”等，其在地方政府的扶持下，形成了其特色饮食从配料到成品再到开店的标准化经营，降低了品牌的规模化发展的成本。京菜在北京这样国际化的都市环境下，已经完成了统一，规范了著名菜肴的英文翻译，为京菜“出海”破除了障碍。地方政府应当加大力度，为湘菜的规模化与国际化发展做好服务工作，对企业面临的新困境要及时掌握，匹配相应资源，为湘菜的新发展创造优良环境。

4. 发掘曲艺文化，展现“湘音”新风

曲艺文化一直是民间传统文化的重要组成部分。近年来，王珮瑜、茅威涛、白先勇等戏曲界的领军人物，通过创立京剧清音社、创新发展小百花越剧团、演绎青春版《牡丹亭》等形式，不断创新京剧、越剧、昆曲等传统戏剧的表现形式与演出内容，使传统戏剧吸引了更多年轻观众，焕发了新的活力。在国外，纽约的百老汇、拉斯维加斯的太阳马戏团、大卫·科波菲尔的魔术秀、席琳·迪翁的演唱会等世界级的演出，不仅成为当地文化产业重要的名片，也为拉动当地经济做出了贡献。

在长沙，湘剧与花鼓戏作为国家级“非遗”剧种，具有悠久的发展历史与广泛的群众基础，在全国范围内也具有一定的影响。作为当地文化孕育出的特色产业，政府与要紧紧抓住“民族的，才是世界的”这一指导方针，大力发掘传统戏曲在新时期人民生活与社会发展中的重要地位与意义，创新传统戏曲的内容与表现形式，丰富人才、资金与平台建设等扶持手段和力度，使古老的曲艺焕发新的生机，发掘经济新的增长点。

5. 创新烟花文化，打造长沙新的名片

世界烟花的发源地在中国，中国烟花的发源地在湖南。中国是全世界烟花的生产中心，全球约95%的烟花都在中国生产。2017年，长沙烟花产业增加值为226亿元，占全市文化产业总规模的25%。2018年，长沙市政府设立文化产业专项资金“长沙数字烟花产业升级及出口”项目，鼓励企业走精品化、创意化、高附加值产品之路，不断提高国际市场竞争力。2018年，湖南出口烟花爆竹21.7万吨，出口额32.7亿元，烟花出口量占全国烟花爆竹出口的57.3%。

在烟花产业不断走向国际的过程中，我们也应当看到烟花表演艺术作为当地文化特色的表现形式的潜力。上海迪士尼度假区开园以来，其每晚30分钟的烟火表演秀，已成为赴迪士尼游客的必选项目。迪士尼的烟火秀虽然规模并不大，但其高频次的演出、与演出内容相结合的创新性，以及与园区其他项目的紧密结合、与事件安排的相得益彰，一方面有效延长了游客游玩的时间，另一方面也使烟火秀成为迪士尼的一个品牌活动。

目前，橘子洲头已经成为长沙烟火表演的常规地点，也获得了一定的影响力。但 2019 年，橘子洲仅有 4 场烟火表演，低频次的演出难以形成规模效应，也更难以使长沙的烟火表演在全国范围内乃至世界范围内取得一定知名度。

2008 年，北京奥运会开幕式上精彩的“大脚印”焰火表演是湘企的出色表现，将湖南的烟花进一步推向了全国与世界。2008 年北京奥运会焰火总导演蔡国强是享誉世界的当代艺术家。从 20 世纪 80 年代中期开始，蔡国强便使用中国发明的火药创作作品，是近几年在国际艺坛上最受瞩目的中国人之一，他的艺术创作对西方艺术界产生了巨大冲击力，西方媒体称之为“蔡国强旋风”。在国内，蔡国强除了作为奥运会的焰火总导演以外，还担任了 2009 年中国国庆 60 周年焰火表演总导演以及 2014 年上海 APEC 会议焰火表演总设计师。

长沙市在拥有良好的产业基础与烟火表演的基础上，可以创新表演形式，吸取广西桂林邀请张艺谋打造《印象 · 刘三姐》、迪士尼园区烟火秀中好的做法，邀请国际知名艺术家，突出地方特色，将焰火表演与表演剧、音乐节、文化园区等形式相结合，打造全方位的文化艺术体系，使观众与游客能够全天候、多角度地感受长沙的文化氛围与艺术气息。

6. 打造有全球影响力的新型主流媒体总部

中华人民共和国成立 70 年来，湖南广播电视的传播力不断增强，影响力不断扩大，取得了令人瞩目的成就。2019 亚洲品牌 500 强榜单上，湖南广电排总榜第 92 位、亚洲广播电视行业第二位，仅次于中国中央电视台，品牌价值由 2013 年的 158. 72 亿元升提至 2019 年的 702. 32 亿元，增长近 4. 5 倍。在文化创新发展的过程中，媒体总部也可以成为凝聚地方文化的新平台。

美国有线电视频道（Cable News Network，CNN）和英国广播公司（British Binadcasting Corpcration，BBC）等传媒集团，以及位于北京的凤凰卫视的凤凰国际传媒中心等，其总部都成为当地的文化新地标。

坐落于美国佐治亚州亚特兰大市的 CNN 是全球第一个 24 小时新闻频道与世界上最早出现的国际电视频道，覆盖全美 8600 万个家庭、89 万个宾馆房间以及全球 212 个国家和地区，在全球，CNN 有着重要的影响力。提起亚特兰大市，CNN 总部与可口可乐公司总部是当地最有名的旅游景点与地标。在 CNN 总部，一半区域是可供世界各国游人参观的旅游景点，在这里可以完整地体验 CNN 新闻从采编到制作再到播出的全过程，并有现场导游介绍参观。CNN 总部大楼底层区域还有购物与休闲餐饮区域，游客可以在这里休息并购买 CNN 的纪念品。

位于英国伦敦的 BBC 总部有专门的接待机构，其“游览+体验”使来自世界各地的访问者通过网站预约即可参观，并有专门的工作人员陪同解说，游客还可以在这一过程中模拟主持人或模拟配音员。整个参观游览过程将专业知识介绍和互动体验融为一体，让游客近距离地体验“专业新闻人”的工作。

凤凰传媒是全球华人媒体的领航者。位于北京的凤凰国际传媒中心，是一个集办公、商用、展出、节目制作等为一体的综合性建筑。凤凰国际传媒中心占地 1. 8 公顷，外形为乌斯比环造型，建筑外立面有 4999 块不同尺寸的玻璃，建筑难度是鸟巢的 3 倍，是北京市内最大的中心广场。目前，凤凰传媒国际中心已经向公众开放参观。

湖南广电作为亚洲排名第二位的广播电视集团，节目深受各个年龄段观众的喜爱。在继续输出精良节目的同时，湖南广电在条件允许的情况下，可探索 CNN、BBC，以及凤凰国际传媒中心的做法，探索“游览+体验”的模式，打造互动式的，媒体展示与制作中心，使其成为长沙文化产业新的增长点与地标。

7. 积极推进文化创意产业区域协同发展

长沙市应积极融入国家长江经济带发展战略，与其他地区间的文化创意产业协同发展。例如在烟花制作方面，省内可与株洲市醴陵市加强合作，省外可与江西省萍乡市上栗县、宜春市万载县加强合作；在动漫方面，可与长三角地区的上海、杭州等中心城市加强交流合作。同时，可以尝试建立政府间、企业间、科研机构间的交流合作机制，定期开展调研、座谈、经验交流、项目合作等活动。

8. 大力培养文化创意产业人才

长沙市可依托区域内高校、科研机构、职业教育等优良的教育资源，加强文化创意产业教育体系建设，培养文化创意产业方面的管理、策划、设计和制作等不同领域的人才，特别要注重培养复合型人才。同时，可以通过专门的人才政策，着力引进长沙市文化创意产业发展急需的各类高层次人才。

（二）加速文化贸易，助推文化产业的国际化升级

2014 年 3 月，国务院出台了《关于加快发展对外文化贸易的意见》（国发〔2014〕13 号），明确指出“鼓励和支持国有、民营、外资等各种所有制文化企业从事国家法律法规允许经营的对外文化贸易业务，并享有同等待遇”；“支持文化企业拓展文化出口平台和渠道，鼓励各类企业通过新设、收购、合作等方式，在境外开展文化领域投资合作，建设国际营销网络，扩大境外优质文化资产规模”，以及“加大财税支持”“强化金融服务”“完善服务保障”等。

2015 年 11 月，长沙市人民政府办公厅也发布了《关于加快发展对外文化贸易的实施意见》（长政办发〔2015〕39 号）。该意见提出要加大市级财政资金对发展文化贸易的支持力度，整合市级文化产业发展专项资金和其他相关专项资金，重点支持对外文化贸易主体培育、境外市场拓展、创新发展和环境优化；按照国家营业税改征增值税的有关规定，落实影视媒体、出版印刷、动漫游戏、演艺娱乐、创意设计、数字资讯、中医药、视觉艺术等行业对外文化贸易企业税收优惠政策等一系列对外文化贸易的扶持政策。

同时，长沙也是“一带一路”倡议的节点城市。习近平主席曾在首届“一带一路”国际合作高峰论坛开幕式主旨演讲中讲到一个故事：古代中国人出海远航，闯荡出了连接东西方的“海上丝绸之路”，在印度尼西亚发现的千年沉船“黑石号”等，见证了这段历史。1000 多年前的这艘“黑石号”沉船，运载的陶器大多产自湖南长沙的铜官窑。2019 年 4 月，外交部公布了第二届“一带一路”国际合作高峰论坛成果清单，《长沙倡议》就是重要成果之一。“一带一路”青年创意与遗产论坛高级别论坛也在长沙举办。

长沙在文化产品贸易出口方面可以学习兄弟城市的先进经验。目前，

已有地方广电集团在这方面走到了前列。上海文广新闻传媒集团（SMG）与 BBC 合作的《地球神奇的一天》以及和迪士尼合作的《我们诞生在中国》，两部片子都是选取了中国的动物，用国际化的表达讲述中国故事，都取得了一定的成果。江苏广电集团推出的《世界青年说》节目，为在中国的国外年轻人带来了探讨中国与世界发展的新的平台，同时也聚集了一批中外国际化的媒体人才。另外，江苏广电在与英国雄狮集团合作的《你所不知道的中国》（第三季），首次实现了省级媒体与西方媒体的全程联合采制，并在江苏卫视与英国 BBC 世界新闻频道同步播放，覆盖全球 200 多个国家与地区，覆盖海外受众近 1 亿人次。

在影视作品方面，长沙已经有了长足的积累。《快乐大本营》《超级女声》《天天向上》《我是歌手》《朗读者》等电视节目成为行业标杆，电视湘军、出版湘军、动漫湘军、娱乐湘军，成为湖南乃至全国的高原地带。同时，金鹰电视艺术节、“汉语桥”世界大学生中文比赛、国际雕塑艺术节、橘洲音乐节等一系列具有国际水准与影响力的活动品牌在长沙举行或永久落户。在文化贸易政策支持，中国首座入选世界“媒体艺术之都”城市，以及“一带一路”节点城市等多重利好政策的支持下，长沙要加大力度，多举措、深层次地推进现有文化媒体产业的国际化与出口工作。“引走来”与“走出去”相结合，不遗余力地推动文化交流互鉴、消除文化差异。通过内容出海、渠道出海、技术出海、品牌出海等多梯度的发展步骤，熟悉海外市场环境、探索业务模式，培养专业人才。为湖湘文化及中华文化在国际舞台上的展现与交流，打造强劲的文化“出海口”。

（三）加强文化创意产业的环境建设，培育新的增长点

文化创意产业的繁荣是来源于大众并服务于大众。除了政府主导行为来引导文化产业的发展，更当注意创新环境的培育，激发大众的文创热情，促进要素流动，培育本土文创产业新的增长点。

目前，随着文化的因子引入，餐饮界的“新湘军”也不断诞生。创立于长沙的 2014 年的本地奶茶店茶颜悦色，不仅仅在长沙已经拥有 100 多家直营店，其“中国风”路线、优质的口感、不断推陈出新的产品与周边，以及成功的新媒体与网络运营，已经吸引了全国各地年轻人的眼球，使其成为长沙旅游的新“网红”地点。

西雅图优良的创新环境，使其孕育出了星巴克这样的世界级的消费饮品巨头，同时西雅图也是微软、亚马逊等全球性公司的总部，也是中企阿里巴巴、华为等企业的海外研发中心。因此，要深刻探究城市的创新文化的基因，政府在不干扰企业运营的同时，应当积极探索海内外各城市先进的文创发展经验。我国作为世界第二大经济体，在日益走向世界舞台中央的过程中，每一个企业的发展边界，已经不仅仅是当地、省内或国内，将产品附上文化的基因，才更具自身鲜明的特色，在发展的过程中才更具辨识度，传播的范围更广泛。

第四章

湘西州文化创意产业发展路径调研

湘西土家族苗族自治州（以下简称“湘西州”）隶属湖南省，是全省唯一的少数民族自治州，位于湖南省西北部，地处湘、鄂、黔、渝四省（市）交界处。湘西州下辖 1 个县级市，即吉首市；7 个县，即泸溪县、凤凰县、花垣县、保靖县、古丈县、永顺县、龙山县；1 个省级经济开发区，即湘西经济开发区。湘西州历史悠久，文化灿烂，辖区内既有土家族与苗族文化，又有“世界文化遗产”老司城遗址、首批国家历史文化名城凤凰县、乾州古城、苗疆长城、黄丝桥古城等多个人文古迹，各种风景名胜、湿地公园、森林公园更是数不胜数。2018 年 10 月，湘西州获得“2018 年国家森林城市”荣誉称号。同时，湘西州是习近平总书记精准扶贫重要论述的首倡地，既是国家西部开发、国家承接产业转移示范区、武陵山片区区域发展与扶贫攻坚试点地区，也是湖南省唯一的少数民族自治州和扶贫攻坚主战场。

第一节　湘西州社会经济发展概况

一、人文和自然资源得天独厚

（一）历史文化厚重

湘西州的凤凰古城被誉为“中国最美丽的小城”；里耶古城一次性出土秦简 3.7 万枚、20 多万文字，填补了文献中有关秦代历史的大片空白，考古专家称为“北有西安兵马俑，南有里耶秦简牍”；老司城是我国西南地区现存规模最大、保存最好的土司城址，其观赏性、真实性、完整性为中国现存城市遗迹所罕见，是湖南省首个世界文化遗产。湘西州有里耶镇、芙蓉镇、浦市镇、边城镇四个中国历史文化名镇和南方长城等 399 处历史文化古迹；涌现出民国总理熊希龄、现代文豪沈从文、著名画家黄永玉、民族歌唱家宋祖英等一批政治文化名人。湘西也是革命老区，贺龙、任弼时、肖克、王震等老一辈无产阶级革命家在这里创建了湘鄂川黔革命根据地，为中国革命做出了重大贡献。

（二）民俗风情浓郁

土家族、苗族是能歌善舞的民族，有各自独特的语言、习俗、服饰、建筑、音乐、舞蹈。湘西州是文化部授予的湖南唯一的武陵山区（湘西）土家族苗族文化生态保护区，花垣赶秋被列入世界非物质文化遗产；拥有 26 个国家级非物质文化遗产保护名录，茅古斯被誉为“中国戏剧的活化石”，苗族鼓舞堪称中华一绝，苗族“赶秋节”、土家族“舍巴节”等传统节庆活动丰富多彩、独具特色。保靖县夯沙乡夯沙村、龙山县苗儿滩镇捞车村、吉首市峒河街道小溪村等 84 个村寨入选“中国传统村落名录”。

（三）自然风光神奇

猛洞河国家级风景名胜区内的猛洞河漂流，被誉为“天下第一漂”；小溪国家级自然保护区是中南十三省唯一幸存的免遭第四纪冰川侵袭的原始次生林；国家级风景名胜区吉首德夯，被人们称为“天凿奇峡”；矮寨大桥是世界上跨峡谷跨度最大的钢桁梁悬索桥，创下了四个世界第一；还有国家森林公园坐龙峡、国家地质公园红石林、国家湿地公园峒河等 227 个世界级、国字号旅游品牌。

（四）资源禀赋独特

全州山地面积占总面积的 70%，农业、水利、矿产等资源丰富，堪称华中“生物基因库”和“中药材宝库”，拥有中药材资源 2000 多种。湘西处于全国罕见的气候微生物发酵带、土壤富硒带和植物群落亚麻酸带，“酒鬼酒”“果王素”“古丈毛尖”“保靖黄金茶”“湘西椪柑”“湘西金叶”等都源于这宝贵的“三带”资源。全州水能资源理论蕴藏量达 218.8 万千瓦，其中可开发量 162.7 万千瓦，现已开发 151.2 万千瓦。州域内已勘查发现 48 个矿种、584 处矿产地，其中锰、钒、汞、铝、紫砂陶土矿居湖南之首，锰矿居全国第二位，铅锌矿居全国第三位，钒矿遍及全州，有“锰都钒海”之称。州域内初步探明页岩气储量 4.8 万亿立方米，占全省储蓄总量的 70%，可采储量超过 1.4 万亿立方米，价值高达 3.5 万亿元，开发潜力巨大。

二、经济发展平稳

（一）经济发展总体平稳，第三产业迅猛发展

2018 年，湘西州致力于转型升级、改革创新、城乡统筹和民生改善，全州经济保持稳中有增的良好发展态势。

湘西州紧紧围绕“深化改革开放”的总战略，紧追“全面实现小康”的总目标，坚持质量与速度并重，综合经济实力显著增强。2012～2018 年，湘西州国内生产总值从 397.7 亿元增长到 605.05 亿元，年均实际增长 7.24%；从增长速度来看，湘西州已经进入调整结构和转型升级的新阶段。从三次产业来看，2012～2018 年，湘西州第一产业增加值从 59.2 亿元增长到 79.83 亿元，年均名义增长 5.11%；第二产业增加值从 158.6 亿元增长到 171.64 亿元，年均名义增长 1.33%；第三产业增加值从 179.9 亿元增长到 353.58 亿元，年均名义增长 11.92%。三次产业结构由 2012 年的 14.9：39.9：45.2 调整为 2018 年的 13.2：28.4：58.4。第一、第二、第三产业对经济增长的贡献率则分别从 7.1%、32.2%、60.7% 调整到 8.8%、10.5%、80.7%。第一、第二产业比重下降，第三产业比重不断上升，产业结构趋于稳定合理。湘西州人均生产总值从 2012 年的 15465 元提高到 2018 年的 22885 元，年均名义增长 6.75%。湘西州的人均 GDP 在全省仍为倒数第一，但考虑历史和地理等诸多因素并观测实际经济数据，湘西州的经济实力较 2012 年已经有了很大的提升。

（二）农林渔业结构优化升级

近年来，国家进一步深化农村改革，全面实行乡村振兴战略，高度关注农村、农业和农民问题。湘西州按照“政府主导、农民主体”的原则，出台了一系列惠农政策，农村面貌发生了根本性的变化。

2018 年，湘西州实现农林牧渔业增加值 81 亿元，与 2012 年的 98.9 亿元相比有较大下降。不过考虑湘西州近些年产业结构的优化升级，农业牧渔业增加值的下降在可以接受的范围内。

2012～2018 年，湘西州粮食作物播种面积由 175.8 千公顷下降至 164.54 千公顷，下降了 11.26 千公顷；粮食总产量则从 85 万吨增长到

85. 12 万吨，增加了 0. 12 万吨。

（三）新兴行业加快成长

2018 年，湘西州工业增加值为 133. 1 亿元，同比增长 3. 4%，其中新兴行业加快成长。以新材料、建筑材料制造为主的金属制品业同比增长 17. 2%，汽车制造业同比增长 89. 3%，计算机、通信和其他电子设备制造业同比增长 47. 4%。六大高耗能行业增加值下降 25. 2%，占规模工业增加值的比重为 54. 3%，比上年下降 3. 9 个百分点。园区规模以上工业增加值同比下降 4. 2%，占湘西州规模工业增加值比重为 56. 8%。

固定资产投资是拉动地方经济增长的重要驱动力。2018 年，湘西州固定资产投资增长 7. 3%。其中，国有投资下降 11%，非国有投资增长 43. 1%，民间投资增长 81. 6%。从投资方向来看，高新技术产业投资增长了 407. 9%。可以看出民间投资和高新技术产业投资增长十分迅速，湘西州经济增长的内生动力十分充足。

2018 年，湘西州对外贸易快速提升，全年实现进出口总额 24448 万美元，同比增长 23. 8%。其中，出口额 20771 万美元，同比增长 21. 6%；进口额 3677 万美元，同比增长 37. 9%。随着营商环境的不断改善，境内外投资在湘西州均有了较大幅度的提高，2018 年湘西州全年实际利用州外境内资金 393. 3 亿元，同比增长 20%；其中省外境内项目到位资金 81. 57 亿元，同比增长 17. 3%；实际利用外资 412 万美元，同比增长 37. 6%。新引进项目 70 个，其中投资过亿项目 54 个，新引进外资企业 6 个。内外资的利用将不断优化湘西州的产业结构，推动湘西州的经济增长，提高湘西州的知名度，从而进一步促进湘西州经济社会的不断发展。

（四）国内贸易和财政收入、支出均有大幅度的提高

社会消费品零售总额是衡量一个地方居民的收入水平的重要指标。2018 年，湘西州社会消费品零售总额 307. 6 亿元，同比增长 10. 1%。按销售单位经营地统计，城镇消费品零售额 228. 3 亿元，同比增长 9. 3%；乡村消费品零售额 79. 3 亿元，同比增长 12. 5%。按行业统计，批发业 22. 6 亿元，同比增长 11. 8%；零售业 229. 1 亿元，同比增长 9. 2%；住宿业 8. 5 亿元，同比增长 10. 6%；餐饮业 47. 4 亿元，同比增长 13. 8%。这些数据说明湘西州的居民收入水平有了较大程度的增长。

同时，湘西州的电子商务也实现了一定程度的发展。2018 年，湘西

州限额以上法人企业通过公共网络实现商品销售额 5432 万元，同比增长 13.5%，注册电子商务企业 386 家，各类网店 15000 多家，国家级电子商务示范企业 1 家，省级电子商务示范企业 2 家。

2018 年，湘西州财政收入、支出均有大幅度提高，一般公共预算收入 120.1 亿元，同比增长 11.5%。其中，税收收入和地方财政收入分别同比增长 3.5%和 8.7%。2018 年，湘西州财政总支出 329 亿元，同比增长 11.4%。其中，民生支出、教育支出、社会保障和就业支出、医疗卫生与计划生育支出、农林水支出和扶贫支出分别同比增长 14.2%、9.8%、-1.1%、14.9%、25.6%和 47.4%。

（五）旅游业蓬勃发展

湘西州具有其他地市难以匹敌的丰富旅游资源，旅游产业发展十分迅猛。2012~2018 年，湘西州的旅游等级景区（点）和 4A 级以上景区（点）从 14 个和 3 个分别增加到 20 个和 11 个；接待国内游客和入境游客则分别从 1868.75 万人次和 15.93 万人次增长到 5116.85 万人次和 21.87 万人次。2018 年，湘西州实现国内旅游收入 437.35 亿元。

三、湘西州社会发展情况分析

（一）城乡居民收入得到大幅度提高

2018 年末，湘西州共有常住人口 264.95 万人，其中，城镇人口 123.3 万人，农村人口 141.65 万人；城镇化率为 46.54%，同比提高 1.57 个百分点；全年出生人口 3.77 万人，较上年下降 1.8%，出生率为 12.44‰；全年死亡人口 1.86 万人，死亡率为 6.15‰。全年人口自然增长率为 6.29‰。

湘西州致力于改善居民收入水平，并取得了一定的成就。2018 年，湘西州居民人均可支配收入为 15442 元，同比增长 10.7%。其中城镇居民人均可支配收入为 24728 元，增长 8.8%；农村居民人均可支配收入为 9183 元，同比增长 11%。湘西州居民人均生活消费支出为 12850 元，同比增长 32.8%。其中，城镇居民人均生活消费支出为 16991 元，同比增长 30.2%；农村居民人均生活消费支出为 10058 元，同比增长 34.2%。湘西州居民食品消费支出占消费总支出的比重（恩格尔系数）为 27.3%，同比下降 5 个百分点。

（二）教育、科学技术和卫生事业稳步推进

湘西州具有较好的教育基础。2018 年，湘西州拥有各级各类学校 1897 所，其中大学、中等职业学校、普通中学、普通小学、特殊学校和幼儿园分别为 3 所、27 所、180 所、219 所、4 所和 629 所。各级各类学校教职工 49862 人，其中大学、中等职业学校、普通中学、普通小学、特殊学校和幼儿园分别有教职工 2515 人、1442 人、12333 人、13384 人、99 人和 8326 人。各级各类学校在校生 554416 人，其中大学、中等职业学校、普通中学、普通小学、特殊学校和幼儿园分别有在校生 52502 人、27944 人、148951 人、225556 人、411 人和 99052 人。

2018 年，湘西州共有省级重点实验室 4 家，省级工程技术研究中心 8 家，科技孵化器及众创空间 4 个。

2018 年末，湘西州共有卫生机构 3216 个。其中，医院、妇幼保健院（站、所）、专科疾病防治院（站、所）、社区卫生服务中心（站）、诊所和卫生所、医务室、乡镇卫生院和村卫生室分别为 74 个、9 个、5 个、7 个、439 个、207 个和 2373 个。全州共有卫生技术人员 16741 人。

湘西州利用良好的科教基础大力发展高新技术产业，吸引了一大批高新技术企业来湘西州落户安家，促进了当地经济发展，并进一步推动了湘西州科教文卫的发展。

（三）社会保障事业蓬勃发展

2018 年湘西州新增城镇就业人员 2.3 万人。城镇登记失业率为 3.72%，失业人员再就业人数为 1.05 万人。全年共发放城镇居民最低生活保障 4.3 万人，发放资金总额 1.76 亿元。发放农村居民最低生活保障 16.26 万人，发放资金总额 3.89 亿元。全州完成农村危房改造 2.5 万户。

湘西州大力推进脱贫攻坚，脱贫攻坚任务取得一定成绩。截至 2018 年末，全州实有贫困人口 10.6 万人，未脱贫村 236 个，全年减少贫困人口 14.5 万人，退出贫困村 374 个，全州贫困发生率降至 4.39%，比上年降低 6.16 个百分点。

（四）环境设施不断发展，环境质量不断提高

2018 年，湘西州城市污水处理率达 94.4%，比 2015 年的 90.4%提高 4 个百分点。生活垃圾无害化处理率达 98.99%，比 2015 年的 96.9%提高了 2.09 个百分点。

第二节 湘西州文化创意产业呈现良好发展现状与态势

一、文化创意产业呈现健康发展势头

（一）文化创意产业持续壮大

湘西州的文化创意产业发展稳定，总体规模日益壮大。近年来，湘西州各级党委和政府部门以及企事业单位积极贯彻《中共湘西自治州委湘西自治州人民政府关于加快推进文化产业发展的决定》，传统文化产业稳步发展，新兴产业发展势头良好。全州文化娱乐、网吧、印刷、新闻出版业等传统文化产业稳步发展，全州各类文化企业3000多家，从业达3万余人，文化创意产业创造的增加值持续上升（见表4-1）。与2014年相比，2017年湘西州文化创意产业增加值达到约23亿元，增长幅度[①]达到47%。根据湘西州文化广电新闻出版局的估计，2018年湘西州文化创意产业实现总产值61亿元，增加值25亿元，占GDP比重4%。

表4-1 湘西州文化创意产业增加值及构成 单位：万元

年份	2014	2015	2016	2017
合计	155834	169545	204732	229994
第一部分 文化产品的生产	117388	114146	140741	185420
新闻出版发行服务	6879	3116	3897	4715
广播电视电影服务	2468	2364	2931	4097
文化艺术服务	13512	13239	17304	26904
文化信息传输服务	8897	8922	11235	13897
文化创意和设计服务	4820	4891	6187	8186
文化休闲娱乐服务	55824	55260	66775	90183
工艺美术品生产	24988	26354	32412	37438
第二部分 文化相关产品的生产	38446	55399	63990	44575
文化产品生产的辅助生产	4329	6910	9747	5651

① 未考虑价格变化因素。

续表

年份	2014	2015	2016	2017
文化用品的生产	31553	45926	51112	34784
文化专用设备的生产	2564	2563	3132	4139

资料来源：历年《湖南文化和创意产业发展统计概况》。

（二）文化创意产业园区和重点文创项目推进有力

一是园区基础设施建设进展顺利。龙山惹巴拉土家影视城完成一期投资9000余万元，主体基本完工，二期建设准备投资1.9亿元，现正在进行前期工作。总占地面积306.3亩的凤凰中青宝文化科技创意产业园及凤凰高科技文化科普体验园，目前完成投资2亿余元，已基本完成本项目土石方施工，现场办公区、生活区开始施工。

二是文化产业园区平台发展提质增速，在营园区运行情况良好。湘西非物质文化遗产示范园（乾州古城）重点开展了园区功能的完善和提升，启动了智慧景区建设和水上项目的建设，完成了核心线上景点非遗表演的编排，提质改编湘西非物质文化遗产展示表演，改造湘西坊能工巧匠园入园企业及经营户达80余户。凤凰县凤凰之窗产业园入园企业30余家，以湘西神秘的非物质文化事项为线索，提炼神秘非遗文化活动的健康·唯美元素，编译成的非遗文化演艺节目《巫傩神歌》，实现门票收入近2000万元。

三是重点文旅项目建设进展顺利。凤凰县全域旅游项目建设、凤凰古城旅游保护设施建设配套、龙山县里耶文化旅游特色小镇、花垣县紫霞湖旅游集散与休闲度假区建设5个项目完成投资1亿元以上。启动了"湘西乡村文化创意产业综合体"吕洞山试点建设，已完成预征土地调查和项目总体规划设计初稿，厘清预征土地权属及地面附着物。

（三）文化创意产业成为脱贫攻坚主导产业

近年来，湘西州大力发展文创产业，整合人社、扶贫、科技、文旅等部门资源，支持惹巴妹、山谷居民、七绣坊等本土优秀文创企业创办"巾帼创业扶贫车间"110个，吸纳就业2万多人，其中妇女1.9万人，建档立卡劳动力1.1万人，探索出湘西妇女居家就业增收的新路子。

同时，湘西州还积极探索扶贫攻坚的精品文旅项目，以此来带动文化旅游产业发展和老百姓增收致富。例如，经过多年的打造，湘西州传统的土家族摸泥节，从2015年起被塑造为湘西扶贫攻坚的精品文旅项目。2018年6月22日上午，湘西州委宣传部、州文广新局等单位主办了“中国·湘西土家摸泥节”，并在北京中华民族园启动。节日活动以“摸泥节庆+文创集市+文旅扶贫”的形式呈现，举办地点从北京中华民族园延伸到长沙书堂山、张家界标志门·九院十街、永顺芙蓉镇、古丈红石林、凤凰拉毫营盘等地，成为文化创意产业扶贫的示范性平台。

目前，文化旅游已经成为湘西州精准扶贫、精准脱贫的当家产业，2016~2018年，全州乡村旅游累计带动9.4万人脱贫。

专栏4-1 文旅融合发展助推墨戎苗寨脱贫致富

湖南省湘西州墨戎苗寨，即龙鼻嘴村，全村由13个苗寨组成，有17个村民小组，共1018户，5568人。墨戎苗寨位于吉首、古丈、保靖三县（市）交界处，距州府吉首20千米，距古丈县城22千米，距张家界130千米，距凤凰古城80千米。该村正处于张家界至凤凰这一“黄金通道”上，焦柳铁路、龙吉高速公路、省道S229公路穿寨而过，交通便利。

“墨戎”为苗语，意为“有龙的地方”。墨戎苗寨的苗族风情、苗族文化艺术主要有：苗族服饰银饰、苗族刺绣、苗族建筑、苗族赶秋、苗歌、四方鼓、荡秋千、舞狮耍龙、上刀梯下火海、巫傩绝技等。

在党的惠民、富民政策的指引下，墨戎苗寨（龙鼻嘴村）村支（居）“两委”在古丈县委、县政府以及墨戎镇党委的领导下，团结和带领全村人民，以“旅游兴村、茶叶富民”为全寨发展的指导原则，积极摸索以深度挖掘和保护民族文化为核心的旅游产业的发展之路，全力发展苗族风情乡村游。2013年4月8日，墨戎苗寨成立了湘西墨戎苗寨乡村游有限责任公司，组建苗族“四方鼓舞”“苗族银饰手工锻造工艺基地”“巫傩绝技”“苗族山歌”“苗族跳舞”等民间艺术表演队，通过参访保存完好的古朴苗寨、欣赏神秘的苗族民俗表演以及品尝独具风味的“苗家长龙宴”招徕游客。自2013年“墨戎苗寨民俗风情风景区”试营以来，深受旅游市场的青睐。

墨戎苗寨还先后被湖南省有关厅局和国家有关部委授予“苗族花鼓之乡”“民族团结示范点”“湖南省少数民族特色村寨”“湖南省特色旅游名村”“中国少数民族特色村寨”“中国传统村落”“中国非物质文化遗产传承基地”“中国民间文化艺术之乡”“国家3A级旅游景区”。

> 2018 年，墨戎苗寨全年接待国内外游客达到 102 万余人，2019 年预计接待游客人数将超过 120 万人。同时，湘西墨戎苗寨乡村游有限责任公司还解决了 500 多人的就业问题，直接间接创造就业岗位数百个，为当地的经济发展、增加当地农民的收入做出了巨大的贡献，取得了巨大的社会经济效益，为武陵山片区的人民的脱贫致富闯出了一条新路。

二、文化创意产业市场进一步繁荣

（一）文旅融合发展趋势不断强化

湘西州依托独特的文化资源大力发展旅游业，带来了文旅产业的量质齐升。湘西州拥有世界文化遗产保护名录 1 个，国家级非物质文化遗产保护名录 28 个，省级非物质文化遗产保护名录 84 个，文化旅游资源十分丰富。近年来，湘西州以民族演艺业为突破口，加快推进文化旅游业发展，以《巫傩神歌》《湘西汉子》为代表的舞台情景剧，年均表演达 2000 场次以上，实现门票收入上亿元，为文化旅游增添内涵。同时，推动“文创+”融合发展项目建设，为“乡村振兴”提供“文创智慧”，使乡村文化旅游又成为新的增长点。湘西州先后举办了三月三、四月八、舍巴节、农耕文化节等一系列乡村旅游节庆活动，炒热乡村旅游市场，吸引了众多游客。古丈县墨戎镇墨戎村与墨戎苗寨乡村游有限责任公司合作，依托苗族非遗文化和传统村落资源，推进文旅融合发展，日均接待游客 4000 人以上，直接带动就业 415 人，间接带动就业 200 多人。2018 年，湘西州共接待国内游客 4450 万人次，实现国内旅游收入 321.5 亿元，分别增长 16.5%和 23.4%。接待入境游客 37.2 万人次，旅游创汇收入 5529 万美元，引领文化休闲娱乐服务行业持续走强。

（二）创意型文化企业发展来势良好

近年来，湘西州将支持重心放在传统非遗文化的市场潜能挖掘方面，扶持文化企业开发文化产品，全州文化产业企业和非遗传承人自主研发非遗项目产品多达 50 多种，逐步形成了银饰、苗绣、苗画、服饰、竹编、土家织锦、木雕、陶瓷、傩文化等多个传统文化系列工艺美术品，传统文化产品的创意研发与生产销售成为文化产业发展新的增长极，市场潜能极其巨大。随着大湘西地区非遗生产性保护项目和湖南省文化产业发展专项资金项目的实施，湘西州基于传统非遗工艺美术品的研发能力进一步增强，工艺美术品的生产能力也进一步加强。其中，湘西蜡的世界蜡染有限责任公司、龙山菊秀土家织锦技艺传承有限公司、泸溪县辰河高腔演艺有限责任公司、吉首傩娃文化传播有限公司、吉首福佳堂文化旅游产业发展有限公司、山谷居民文化传播有限责任公司等一批创意型文化企业，立足非遗文化开展研发生产业务，全年累计产值近2亿元，创意作品包括苗族服饰、银饰、苗绣、苗画、动漫等门类。山谷居民文化传播有限责任公司多次走出国门，相继参加了第52届德国柏林国际旅游交易会、2018法国巴黎国际博览会，引发国际时尚界对苗族服饰和银饰产品关注热潮；叶水云制作的土家织锦作品及李铁骑制作的踏虎凿花作品亮相第十四届中国（深圳）国际文化产业博览交易会“中国工艺美术文化创意奖”，分别获得金奖和银奖。

（三）州属国有文化企业运营良好

根据中央、省、州文化体制改革工作要求，湘西州推进国有文化资产监督管理体制改革，成立了湘西州国有文化资产监督管理委员会，组建了湘西州民族文化传媒集团公司、湘西报业集团、湘西文化产业集团三大文化集团公司，增强州属国有文化经营性单位内在活力。州属国有文化企业深化改革，外抓市场，内抓管理，全面提高经营质量，严格落实安全生产责任制的要求，做到一手抓生产一手抓安全，各项经营业务做到应收尽收，最大限度地保障了国有资产的保值增值。同时，州属国有文化企业坚持把社会效益放在首位，社会效益与经济效益相统一的原则，积极承担社会责任，为群众提供公共文化服务。例如，武陵文化传播有限公司免费开放湘西大剧院，启动“湘西大舞台”文化惠民活动，各社会文艺团体演出公益演出60余场，极大地丰富了群众文化生活。

（四）文化创意氛围日趋浓厚

以习近平总书记在全国文艺工作座谈会上的讲话精神为指导，大力推进文化艺术创作。2017年和2018年，湘西州州直文艺家协会会员创作、演出、播出戏剧曲艺、影视作品280余件，创作歌曲110余首。在省级以上报纸杂志和展览活动中发表、展出书法、美术、工艺美术及摄影作品660余件，发表小说、诗歌、散文、报告文学及评论文章1200多篇，出版长篇小说和各类文集26部以上，获省级以上奖励30余人次。

大型民族歌舞《五彩湘韵》、小品《美丽的黄昏》、溜子说唱《岩生哥的婚事》、三人舞《抢头水》、舞剧《凤凰》等文艺节目参加全国性文艺会演和艺术节并获金奖或银奖。以踏虎凿花为设计元素的“一善荷音”服装系列获得上海首届非遗展金奖。

影音作品《你不喜欢我我喜欢你》上传到相关网站后点击量达到几百万次。哭嫁歌《送女行》、土语歌《踩瓦泥》分别获得全国土家族、苗族歌舞展演金奖和银奖。音乐《国泰民安》获全国作曲家创作大赛一等奖。影视剧摄制争奇斗艳。微电影《寂寨》荣获湖南省首届原创网络视听节目大赛一等奖、最佳导演奖。电影《惹巴拉的女人》《嫁衣》正式上映，大型红色电视片《红色湘西》播出后，受到好评，并在湖南卫视国际频道播出。动漫电视连续剧《盘瓠与辛女》为全国首部非遗动漫剧。

三、文化基础设施和公共服务体系不断完善

（一）公共文化设施进一步完善

一是公共文化设施全覆盖。湘西州陆续建成了一批州级标志性文化建筑，到2018年末湘西州共有群众艺术馆、文化馆10个，公共图书馆10个，博物馆、纪念馆10个。县级公共文化设施完成提质改造，完成500余个行政村村综合文化服务中心建设。文化信息资源共享工程基层网点覆盖到每个行政村，村村有了农家书屋、乡乡有了文化站。

二是广播电视实现全覆盖。2018年末，湘西州建有广播电视台9个，广播电视“村村通”完成10余万户，完成8个县级广播电视中心，113个乡镇广播站，1567个村级广播室农村广播“村村响”、52200户直播卫星“户户通”工程建设；广播综合人口覆盖率98.1%，电视综合人口覆盖率98.1%，有线电视用户36.6万户。全州广播电视综合覆盖率达到98%以上。

三是流动文化服务全覆盖。湘西州各宣传思想文化部门依托文化流动服务设施，积极开展送理论、送戏、送图书、送电影下乡，在满足群众基本文化需求特别是边远地区群众文化需求上发挥了作用。湘西州还建有档案馆9个，开放各类档案63.8万卷。

（二）公共文化服务发展均等化持续改善

一是细化公共文化服务项目。制定《湘西自治州关于做好政府向社

会力量购买公共文化服务的工作意见》，公共文化服务政府购买的指导性目录得到正式确定。

二是不断丰富公共文化服务内容。实施阅读能力提升计划，开展文化艺术普及惠民行动，大力开展“演艺惠民、送戏下乡”活动。2018 年末，湘西州共有艺术表演团体 8 个，每年开展演艺惠民送戏下乡 500 场次以上，进一步丰富了基层群众的精神文化生活，培养贫困地区民众健康向上的文艺爱好。

三是文化产业扶贫改善民生。湘西州立足民族文化资源优势，扶持引导贫困山区群众大力发展传统手工技艺，着力打造文化生态乡村游，找到了产业扶贫的有效途径，有效地改善了山区农民的贫困面貌。花垣县十八洞村、龙山县捞车河村、保靖县吕洞山区、凤凰县腊尔山片区通过推行非遗项目生产性保护与开发，大力发展乡村文化旅游，促进了产业发展，实现了群众增收。

四是特殊群体基本文化权益有保障。湘西州公益性文化机构对农村留守儿童、留守妇女、老年人、残疾人士、军人等实行减免费用等优惠政策。乡镇文化站、村级文化活动室有针对性地向弱势群体和特殊人群开放，努力完善方便残疾人以及老年人、少年儿童和妇女的活动区域和服务项目。通过暑期利用共享工程服务留守儿童、展播电影，为农民工宣传政策法规，为老年人设置棋牌室等，满足弱势群体的文化需求。

（三）数字文化建设项目不断加强

一是加快公共电子阅览室及数字图书馆建设步伐。建成州图书馆公共电子阅览室，数字图书馆相关数字资源库正在规划建设中，文献资源的数字化处理工作正有序开展。同时，引入了电子书设备，为读者掌上电子书阅读提供支持。

二是推进文化遗产资源数字化建设。组建了非遗项目数字化采集中心，已对苗族鼓舞、土家织锦技艺、凤凰纸扎、酉水船工号子和土家族哭嫁歌 5 个国家级项目及部分高龄传承人，进行了全面的采集、归档保存并建立数据库。

三是加强数字文化资源供给配送。湘西州文化信息资源共享工程已与远程教育共建共享 2230 个村级基层网点。广播电视已实现 3 套广播节目、15 套电视节目的无线数字化覆盖。

第三节　湘西州推进文化创意产业发展的主要做法

一、强化顶层设计

（一）突出文化创意产业对总体发展战略的支撑

一是确定了文旅融合发展战略。2017 年，湘西州文化产业改革发展工作会议形成创建全域旅游示范州战略，以“文创改变乡村，以文创推动乡村复兴”的共识，明确了“以文化创意为核心，大力发展特色文化旅游、特色农副产业、特色精品民宿”的乡村文创产业发展路子。特别是党的十九大召开后，湘西州上下按照党的十九大提出的乡村振兴战略指引，掀起了乡村文化旅游项目建设的热潮，依托大湘西精品旅游线路，启动了 50 余个精品乡村文化旅游项目建设项目，将为湘西州文化创意产业培养新的增长极。

二是确定了以文化创意产业发展推动脱贫攻坚的战略。湘西州所处的武陵山片区属于国家限制开发区，不可能通过高强度的城镇化、工业化发展路径实现脱贫致富，而文化创意产业具有生态环保、产业链长、辐射面广、带动性强、投资收效快等优势，且兼具文化建设和经济建设功能，因而通过发展文化创意产业特别是文旅产业解决贫困问题成为湘西州的重要战略。

以文化创意产业发展带动城乡妇女就业是湘西州实施这一战略的代表性的做法。湘西州现有已就业妇女 32 万余人，其中农村约 4.4 万人，城镇约 27.6 万人；未就业妇女约 4.5 人，其中农村约 3.4 人，城镇约 1 万余人。上述在州内就业的妇女多是 45 岁以上、年龄偏大的留守妇女，文化程度偏低，缺乏技术，同时还肩负着赡养老人和照顾幼小的责任，这就决定了她们只能在家门口就业。为了帮助城乡妇女实现稳定就业，2018 年 10 月，湘西州出台了《湘西自治州人民政府关于发展文创产业带动城乡妇女就业的意见》，目的是充分发挥文创产业带动妇女就业独特优势，通过支持州内优秀文创企业发展，帮助带动一批城乡妇女实现稳定就业、增收脱贫。

专栏 4-2　湘西州发展文创产业带动城乡妇女就业的目标、工作重点与推进情况

一、目标任务

《湘西自治州人民政府关于发展文创产业带动城乡妇女就业的意见》提出，到2020年底，湘西州要通过发展文创产业，实现新增城乡妇女就业10000人。其中，建档立卡户农村妇女劳动力、城镇失业妇女和残疾妇女稳定就业不少于4500人；完成城乡妇女技能培训10000人。建成巾帼就业扶贫车间60家，稳定吸纳城乡妇女就业3000人。其中，建档立卡户农村妇女劳动力、城镇失业妇女和残疾妇女稳定就业不少于1000人。

二、工作重点

一是打造巾帼就业扶贫车间。对吸纳城乡妇女就业占比不低于80%。其中，建档立卡户农村妇女劳动力、城镇失业妇女和残疾妇女就业占比不低于30%的就业扶贫车间，由湘西州人社局、湘西州扶贫办、湘西州妇联共同授予“巾帼就业扶贫车间”称号。在原有政策基础上，适当提高场地、设备、物流费等补贴标准。其中，场地补贴标准由每平方米200元提高到每平方米300元，最高不超过25万元。设备补贴标准由每个就业扶贫车间引进和购买的生产设备总价值的10%提高到30%，最高每年不超过20万元。物流费补贴标准由每年不超过5万元提高到每年不超过20万元。

二是建设文化旅游商品研发基地。支持州内文化旅游商品企业开展科技创新活动，对研发设计团队专兼职人员达到10人以上，申请发明专利、行业标准、设计专利等研发成果10项以上，形成具有湘西民族特色的系列旅游商品品种达到50种以上的企业，设立“湘西自治州文化旅游商品研发基地”，在考察评估合格的基础上，给予一定资金支持，最高不超过100万元/个。鼓励企业引进实用型专家人才，对引进的高层次急需紧缺人才提供居留、养老、医保、子女教育和家属就业等相关配套政策服务。

三是扩大文化旅游商品影响力。在十八洞村、惹巴拉村、芙蓉镇、里耶镇、边城镇、浦市镇、凤凰古城、乾州古城等开设旅游商品销售店或旗舰店，湘西州旅发委负责拿出工作方案，进行标准化设计，授予“湘西有礼”旅游商品店称号和统一标牌，集中展示展销文化旅游商品和特色农产品；湘西州商务局负责安排企业入驻，具体租金全免，由州本级安排专项资金解决；湘西州妇联选送一批形象好、素质高的建档立卡户农村妇女劳动力到旅游商品销售店或旗舰店工作，湘西州人社局、湘西州扶贫办负责纳入公益性岗位管理；湘西州食药监局、湘西州质监局对入驻产品进行定期监测，确保产品质量。支持企业在北京、上海等大中城市和国内知名旅游景区地设立专营店，给予新开设专营店一次性奖补。支持州内优秀文创企业参加中国国际旅游商品博览会、中国国际旅游交易会、广交会、博雅旅游论坛、湖南旅游产业博览会、中国（深圳）国际文化产业博览会、湖南（上海）投资贸易洽谈周等国内外重大节会，免费为企业提供展位展台，集中展示展销研发产品。

四是加强职业技能培训。帮助吸纳城乡妇女较多的企业建立具有培训资质的培训中心，将“巾帼就业扶贫车间”纳入贫困地区企业在职职工技能提升培训补贴范围，组织新招劳动力和在职劳动力开展岗位技能培训的，按政策规定给予职业培训补贴。建档立卡户劳动力就业技能培训在同类职业培训补贴标准基础上上浮70%。建档立卡户劳动力参加就业前技能培训的，培训期间按实际到课时间给予每人每天生活费补贴20元。支持企业邀请国内旅游商品行业知名专家开展专题培训，提高企业的管理、生产、研发能力，按政策给予相应支持。

五是落实岗位补贴和社会保险补贴。对吸纳建档立卡户农村妇女劳动力就业，依法签订劳动合同且实际在岗12个月以上，并依法缴纳社会保险费（含城乡居民养老保险、城乡居民医疗保险）的企业，按每人每年1500元的标准给予岗位补贴。对吸纳建档立卡户农村妇女劳动力就业，与之依法签订1年以上劳动合同且实际在岗12个月，按实际缴纳的基本养老保险费、基本医疗保险费和失业保险费给予企业社会保险补贴（不包括个人应缴纳部分），补贴期限最长3年。所需资金从用人单位所在地就业补助资金中列支。

六是开设创业担保贷款绿色通道。对有创业意愿和创业能力的城乡妇女创业，允许以林权、土地承包经营权、居民住房财产权抵押申报创业担保贷款，按照个人自主创业的最高不超过10万元；合伙创业的按合伙创业人数，组织起来共同创业的按组织起来就业人数，每人最高10万元，最高不超过50万元，最长不超过3年，优先受理创业担保贷款。对符合条件的企业创业担保贷款开辟“绿色通道”，提供“一对一”服务。

三、推进情况

湘西州成立了州发展文创产业带动城乡妇女就业工作联席会议制度，由湘西州州长任组长。2019年3月召开了“2019年发展文创产业带动城乡妇女就业工作第一次部门联席会议”。湘西州人社局、湘西州妇联、湘西州扶贫办、湘西州财政局、湘西州旅发委、湘西州文广新局、湘西州科技局、湘西州商务局等部门分管领导和工作联络员参加了会议，明确了各自的主要措施和重点工作。

湘西州人社局已筹措资金200万元并分配至县市，用于文创企业开展职业技能培训、岗位补贴、社保补贴、创业贷款、人才引进和举办技能大赛。将落实好巾帼扶贫车间就业补贴和创业补贴，切实抓好文创产业带动妇女就业2000人任务。

湘西州旅发委已将300万元列入预算。2019年重点抓好旅游产品研发基地建设；在十八洞村、惹巴拉村、芙蓉镇、里耶镇等开设旅游商品销售旗舰店；对"湘西有礼"旅游商品店称号和统一标牌进行标准化设计；针对文创企业设计能力比较弱的实际开展专业化培训。

湘西州文广新局继续加大对10个非遗工作站的项目、技术、资金支持力度；委托武汉学院等专业机构加大对文创企业的产品研发及市场推广培训。

湘西州扶贫办将筹措500万元资金用于落实巾帼扶贫车间场地补贴、物流补贴。抓好产业扶贫培训。

湘西州妇联将充分利用好100万元专项经费，抓好非建档立卡户的城乡妇女职业技能培训工作。重点推进全州巾帼扶贫车间建设，完成民生实事500人就业目标任务。

湘西州科技局统筹安排了100万元资金，2019年重点做好3个文创产业带动城乡妇女就业科技创业研发平台；打造1个技术研发基地；做好5~10个文创产业知识产权专利；开展好文创科技培训，做好州级科普基地的认定工作。

（二）出台系列文化建设实施方案

湘西州先后出台了《湘西自治州深化文化体制改革实施方案（2015—2020年）》《中共湘西自治州委湘西自治州人民政府关于进一步加强和改进宣传思想文化工作的实施意见》《湘西自治州加快构建现代公共文化服务体系的实施方案》《湘西自治州创建国家公共文化服务体系示范项目工作方案》等一系列文件，为进一步深化文化体制改革奠定了坚实的基础。

其中，《中共湘西自治州委湘西自治州人民政府并于进一步加强和改进宣传思想文化工作的实施意见》明确提出：把文化生态保护区建设工作纳入全州"五个文明"建设绩效考核管理；设立文化事业产业发展引导资金，州本级财政每年安排500万元，县市财政每年安排不少于100万元；州级非物质文化遗产项目代表性传承人补助标准提高至每人每年3000元；在全州村（社区）设立宣传文化辅导员，工作补助比照有关村干部待遇标准纳入县级财政预算。2014~2018年，湘西州财政对文化发展资金投入力度不断加大，文化支出约4.2亿元，比上一个五年增长28.5%，为推进公共文化服务均等化提供了有力的措施保障。

二、着力培育文化创意产业内生动力

（一）进一步完善国有文化资产监督管理体系

一是完善管人管事管资产管导向相统一的监管体制。2017年，成立湘西州国有文化资产监督管理委员会，制定了文资委运行规则，完善了相关国有文化资产监督管理制度，建立健全了国有文化企业法人治理结构。成立了国有文化资产监督管理委员会，《团结报》社组建团结报业发展有限公司，湘西广播电视台组建湘西民族文化传媒集团，州直主要新闻媒体建成社会效益和经济效益统一的公司化运行机制，努力实现“增量拓展”。整合湘西州文广新局下属可经营性资产，力争实现“存量盘活”。坚持管人、管事、管资产、管导向相结合，确保文化企业的正确经营方向。加快转变政府职能，基本厘清和规范党政部门与其所属的文化企事业单位关系。

二是健全国有文化资产综合管理体系。强化国有文化资产监管运营，制定了《湘西州文资委工作规则（试行）》《湘西州州属国有文化企业双效考核及负责人薪酬管理实施办法（试行）》《湘西州州属国有文化企业监督管理办法（试行）》《湘西州州属文化企业国有资产评估管理实施办法（试行）》制度，确保国有文化资产保值增值。

（二）积极培育合格市场主体

一是加快国有文化企业股份制改造步伐。团结报社和湘西广播电视台将社会效益放在首位，兼顾经济效益，建成了双效统一的公司化运行机制。湘西州广播电视台组建了湘西民族文化传媒有限公司，成立了湘西广电新媒体有限责任公司、湘西恒广影视制作有限责任公司、湘西首德文化演艺有限责任公司。团结报社组建团结报业发展有限公司，下设湘西团结文化传媒有限公司、团结出版印刷有限公司、团结新媒体有限公司。完成了原湘西州文广新局下属州歌舞团公司、湘西州武陵文化传播有限责任公司、湘西州文化物质公司出资人变更，直接隶属湘西州国有文化资产监督管理委员会管理。

二是推动国有文化企业建立健全有文化特色的现代企业制度，积极推动文化创意产业的市场化运营。按照“新企新办法，一企一策”的原则，推动州属国有文化企业把社会效益放在首位、实现社会效益和经济效益相统一，建立健全有文化特色的现代企业制度，把社会效益第一、社会价值优先的经营理念明确体现到企业章程和各项规章制度中。湘西民族文化传媒集团、团结报业发展有限公司全面实行党委领导与法人治理相结合的治理结构，湘西州歌舞团有限公司、湘西州武陵文化信息传播有限公司、湘西州文化物质公司实行主管单位委派和市场选择相结合的双向治理结构。企业内部劳动、人事和收入分配等制度改革进一步深化，绩效考核办法逐步健全，实行差异化考核，对直接涉及内容创作的部门和岗位，以社会效益考核为主，在收入分配和奖励方面适当予以倾斜。五家公司通过文化体制改革，积极拓展思路、开发市场，经营有较大幅提升。湘西民族文化传媒有限公司、团结报业发展有限公司着力传统媒体和新兴媒体融合发展。手机平台“智慧湘西”和湘西头条“两微一端”用户发展迅速，运行半年就达20万用户。

（三）大力引进实力雄厚的文化创意企业

考虑到本地区文化创意企业总体实力不强、限制因素多的实际困难，湘西州委、州政府通过多种途径，积极与州外实力型文化创意企业接洽，共同打造本地特色优质文化创意项目，有效提升了本地文化创意产业的整体竞争力。

2019年4月14~17日，湘西州政府领导带队赴深圳开展招商推介活动，先后到深圳宝德投资控股集团、深圳市文化旅游促进会、中国永鑫控投集团、中国旅游资源整合联盟等文化旅游企业、组织，宣传推介湘西州文旅资源、招商政策，洽谈投资合作事宜。在2019年4月17日举办的“对接粤港澳大湾区·承接产业大转移”湘西自治州文化旅游招商推介专场活动中，发布了28个重点文化旅游招商项目，现场签约8个项目，签约金额46.89亿元。签约的8个项目包括：吉首市乾州牛庄时尚文艺小镇项目、泸溪县浦市古韵项目、凤凰县飞水谷委托经营管理项目、花垣县蚩尤故里苗族文化城项目、保靖县府库红石海景区项目、永顺县青坪镇太平村“生态旅游康养度假区”项目、龙山县太平山景区旅游项目、湘西吉凤山生龙欢乐世界项目。

2019 年 8 月 4 日，湘西州文化旅游广电局与北京唱高文化传媒有限公司签署战略合作框架协议，双方将共同挖掘好湘西特色文化，打造好神秘湘西文化旅游品牌，进一步推动湘西文化旅游产业发展。

专栏 4-3　湘西州 2018~2019 年度省级重点和特色文化产业项目

2018 年 10 月，湖南省文化厅公布了 2018~2019 年度全省文化系统重点文化产业项目、特色文化产业项目名录，湘西州入选重点文化产业项目 4 个，入选特色文化产业项目 11 个。

此次湘西州入选的 4 个重点文化产业项目分别是：①湖南省梦回凤凰文化旅游投资有限责任公司的“凤凰中青宝文化科技创意产业园”项目，投资额 8.1559 亿元；②湖南省红石林旅游开发有限公司的“红石林景区建设”项目，投资额 0.8 亿元；③花垣苗疆旅游开发有限公司的“花垣县文化旅游新城”项目，投资额 5 亿元；④龙山县惹巴拉旅游投资有限责任公司的“龙山县惹巴拉土家生态文化旅游扶贫开发建设”项目，投资额 21.220283 亿元。

入选的 11 个特色文化产业项目分别是：①湘西山谷居民文化传播有限公司的“湘西苗族刺绣传承与生产性保护”项目，投资额 400 万元；②泸溪县苗族踏虎凿花文化传媒有限公司的“泸溪县苗族挑花（数纱）产品研发及生产”项目，投资额 150 万元；③凤凰县传承民族工艺有限责任公司的“湘西文化旅游产品中苗族银饰手工锻制技艺创新升级”项目，投资额 100 万元；④凤凰县妈汝民族服饰有限责任公司的“民族服饰研发和生产工艺改造”项目，投资额 500 万元；⑤湘西墨戎苗寨乡村游有限责任公司的“古丈县墨戎苗寨演艺中心”项目，投资额 5000 万元；⑥保靖县比耳本顺竹艺工艺品有限公司的“大型竹产业园建设及竹编茶具，竹编字画系列培训和推广”项目，投资额 120 万元；⑦保靖县欣晟科技有限公司的“保靖黄金茶统一包装设计及生产”项目，投资额 800 万元；⑧湖南山水芙蓉镇旅游产业发展有限公司的“芙蓉镇特色小镇建设”项目，投资额 150000 万元；⑨永顺县老司城开发经营有限责任公司的“老司城土家族民俗风情一条街”项目，投资额 2000 万元；⑩龙山县毕兹卡演艺公司的“民族特色演艺”项目，投资额 110 万元；⑪龙山县叶氏民族工艺有限公司的“土家织锦数据库建立及产业创新研发应用”项目，投资额 600 万元。

三、以公共文化建设激活文化创意活力

近年来，湘西州不断创新文化服务供给方式，大力发展群众自办文化，广泛动员社会力量参与公共文化建设，增强公共文化服务发展动力，

激活本地文化创造活力。湘西州将现代公共文化服务标准和重大公共文化服务政策及规划的制定、实施和考核统一纳入公共文化服务体系建设联席会议制度之中，并以此来统筹协调全州现代公共文化服务体系建设工作。在完善组织保障机制基础上，湘西州还采取了如下两项重要措施强化公共文化服务体系建设。

（一）加强公共文化产品和服务供给能力

近年来，湘西州一直注重提升城乡公共文化服务效能，完善公共文化服务设施免费开放机制，加大文化惠民力度。

一是分类推进文化事业单位改革。湘西州启动了公共图书馆、文化馆总分馆体系建设，即以县级公共图书馆（文化馆）为总馆，乡镇综合文化站为分管，村级综合文化服务中心为服务点，建立全州公共图书馆（文化馆）总分馆机制。目前，这项改革正在龙山县开展试点。同时，新成立湘西州美术馆、湘西州监听监看中心、湘西州考古研究所、湘西州少儿图书馆，合并原湘西大剧院、湘西州人民剧院、湘西州艺术剧院，组成了湘西州民族文化馆。这些措施使湘西州州直文广新系统各机构进一步规范，工作效率进一步提高。

二是推进基层公共文化资源整合力度。依托村综合文化服务中心，湘西州将文化资源共享工程、公共电子阅览室、农家书屋、文化活动广场、文化宣传等整合在一起，提供公共文化“一站式”服务，充分利用现有文化资源，提高文化资源使用率。当前，湘西州已建立 68 个村综合文化服务中心，已成为基层公共文化资源的集中展示区和使用密集地，农家书屋已实现全覆盖。

三是推进“按需点单”公共文化服务模式。积极探索“县建总站、乡镇（街道）建分站、村（社区）建基点”的文化配送网络，形成“你点单、我配送”的文化服务工作机制。例如，湘西州图书馆通过“按需点单”模式，举办了“湘西州图书馆服务宣传周暨半亩方塘优雅女性读书沙龙”活动，积极开展“图书馆+”模式，把阅读活动拓展到馆外，让更多的人关注图书馆、用好图书馆，增强图书阅读的魅力。

四是大力实施文化人才培养战略。目前，湘西州文化艺术、图书资料、文物博物、群众文化、广电工程、新闻系列、出版系列、播音系列 8 个类别人才共 695 名。其中高级职称 37 名，中级职称 297 名，初级职称

361名。全州有乡镇文化站机构167个，从业人员403人，专职人员306人，在编人员388人，专技人员190人。社区、村级文化活动室2146个。湘西州选派了300余名“三区人才”支持计划文化工作者驻乡进村，开展基层文化辅导培训工作。每年对文化馆长、文化站长及专业技术人员开展业务培训，提升服务基层水平。保靖县普戎镇文化站辅导员彭运敏获得全国基层文化站先进工作者称号，《头颅中国》作者、湘西州文研所黄挺入选“湘鄂赣最美读书人”，花垣县石栏杆镇文化站专干麻正兵、永顺县石堤镇团结村田永习入选“全省最美基层文化人”。

（二）推进现代传播体系建设

一是做大做强主流媒体。湘西广播电视台完成整体搬迁，高清化改造初步完成。湘西电视台新媒体中心“两微一端”正式上线。湘西广播电台节目实现了州内全覆盖。《团结报》完成改扩版，由过去每周32版改扩为每周48版。报社全媒体采编平台正式启用。重点打造了湘西电视台“关注”栏目、《团结报》“社会民生”专版和“武陵新语”“民情联通”专栏、湘西广播电台“民情直通”栏目，以及湘西网新闻客户端“身边”、湘西网微信公众号“湘西头条”等新媒体。

二是促进传统媒体与新兴媒体融合发展。团结报社依托报业资源，新开发建设湘西时政App，打造湘西网移动客户端矩阵。湘西广播电视台整合媒体资源，成立新媒体公司，建成智慧湘西网App，上线试运营半年时间，点击阅读量达180多万，关注用户4万余人。成为湘西新媒体传播的又一主导力量。

（三）探索基层文化机构服务群众途径

一是创新文化惠民方式。将演艺惠民送戏下乡、农村公益电影放映、送图书下乡、文化艺术辅导培训等项目打捆整合，集中时间、集中人员、集中地点，向群众集中服务，这样的资源整合，极大地提高了为民服务的实效。

二是进一步提高乡镇综合文化站标准化程度。形成了“领导重视，部门支持；县乡（镇）联动，乡（镇）村共管；尊重群众，激发活力；培训交流，考核选拔；政府主导，社会参与；因势利导，创新发展”的乡镇文化站工作基本经验。较好地解决了农村基层文化地位不高、体制不顺、基础不牢、队伍不优、投入不足、特色不够的问题。

三是积极推进文化志愿服务。目前，湘西州成立文化志愿者队伍 13 支，其中“民族节庆文化志愿服务活动”被评为“全省文化志愿服务推进年”示范项目。同时，建立政府向社会力量购买服务项目机制，更好地保障了群众基本文化权益。规范和完善文化艺术类基金会管理制度，建立健全资金筹措机制，提高社会公信度和项目申报透明度。大力推进文化志愿服务，探索具有湖南特色的文化志愿服务模式。

（四）不断强化文化遗产保护与文化创意产业发展相融合

湘西州历史文化厚重，全州上下也非常重视文化遗产保护。全州现存各级文物保护单位 700 余处，馆藏文物达 25000 余件套，其中一级文物 112 件套。全国第六个、湖南省唯一国家级文化生态保护区落户湘西州，成为全国首批非物质文化遗产数字化保护的试点单位，采集资源容量位居首批试点单位全国排第二位。全州国家级、省级、州级非遗名录分别达到 26 项、68 项、179 项。全州建立了 34 个非遗传习所，2 个国家级生产性保护基地，12 个州级非遗生产性保护基地。永顺老司城遗址、花垣苗族赶秋分别成功申报世界文化遗产和世界非物质文化遗产保护名录。目前，湘西州正在努力推进凤凰县区域性防御体系申遗基础工作，争取早日将其纳入国家申遗重点项目；力争早日建成开放龙山里耶古城遗址、永顺老司城遗址项目。

近年来，湘西州积极实施大湘西地区非遗生产性保护项目，并建立了相关体制机制（见附录三）。2015~2017 年，湘西州获湘西地区非遗生产性保护项目资金共计 1145 万元，扶持非遗项目 22 个。编辑出版八卷本 200 万字的《神秘湘西——湘西自治州非物质文化遗产集萃》。全州非遗进校园示范学校 14 所，首批省级非遗传承学校和实践基地 9 所。在文化部的倡导下，设立了全国第二个传统工艺工作站，依托苗绣实施“让妈妈回家”公益项目，促进传统工艺振兴，CCTV-3、湖南卫视等媒体对此进行报道，引起社会广泛关注。“湘西州民族传统节庆项目”成为第三批国家“公共文化服务体系示范项目”，成为全省仅有的 2 个示范项目之一。在建州 60 周年之际，为州庆献礼的 8 件非遗精品创下 8 项世界纪录。

湘西州政府还积极配合湘西州人大开展《湘西州民族民间文化遗产保护条例》修订工作和《湘西州传统村落保护条例》立法调研工作。通过“整体性保护、示范性推进、活态性传承、多载体传播、法制化保障”

的整体推进，形成文化生态保护区建设湘西模式，得到原文化部的高度肯定，评价该项工作经验可复制、可推广。

专栏 4-4 湘西州特色民居与传统风貌保护整治重点区域

依据《湘西自治州特色民居与传统风貌保护整治三年行动计划任务（2018—2020 年）》，湘西州确定了如下重点工作区域：

（一）五大保护整治集中示范区。依托旅游黄金板块集中开展保护整治，力争形成以“烽火苗疆”文化为核心的保护整治集中示范区，包括凤凰古城、南华山、南方长城等景区景点和村镇（街区）；以“土司王城”文化为核心的保护整治集中示范区，包括老司城、猛洞河、芙蓉镇、红石林等景区景点和村镇（街区）；以“里耶秦简”文化为核心的保护整治集中示范区，包括里耶、八面山、洗车河、惹巴拉、洛塔石林、乌龙山大峡谷等景区景点和村镇（街区）；以“蚩尤故里”文化为核心的保护整治集中示范区，包括乾州古城、矮寨、边城茶峒、古苗河、吕洞山等景区景点和村镇（街区）；以“沅水盘弧”文化为核心的保护整治集中示范区，包括泸溪沅水风景名胜区景区景点和村镇（街区）。

（二）两条乡村旅游精品线。以 G109、G209、S10、S304、S259 和猛洞河为中心轴，着力打造“探寻土家文化源流、体验土司文化”的“土家探源”乡村游精品线路。以 G65、G56、凤大高速为中心轴，着力打造“感受神秘苗族文化、纵览苗寨秀美风光”的“神秘苗乡”乡村游精品线路。

（三）沅水酉水两条风光带。以沅水和酉水为轴线，串联两岸景区景点，对可视范围的村寨进行保护整治。

四、深化文化创意产业市场管理体制改革

（一）建立健全州、县（市）两级文化市场管理工作体制机制

一是形成了由文化市场管理工作领导小组统一领导本级行政区文化市场管理和综合执法工作，推动文化领域跨部门、跨行业综合执法的工作机制；湘西州文化广电新闻出版局负责指导全州文化市场综合执法工作，建立全州统一规范的综合执法工作实施细则，建设全州文化市场技术监管体系，协调各有关行政部门对文化市场综合执法工作进行绩效考核，统筹综合执法队伍建设；依法履行执法指导监督、跨区域执法协作、重大案件查处等职责。

二是规范综合执法机构设置。各县（市）按照湖南省统一规定，规

范文化市场综合执法机构名称，全州统一规范为“文化市场综合执法局”，统一执法形象，使用统一执法标准规范、执法标识、执法证件、执法文书、举报电话。

三是理顺综合执法机构和行政主管部门关系。州、县（市）两级文化市场综合执法机构为同级文化行政主管部门所属事业单位，依法依规对属地文化市场实施综合执法。文化市场综合执法机构依据法定职责和程序，相对集中地行使文化（文物）、新闻出版广电（版权）等部门文化市场领域的行政处罚权以及相关的行政强制权、监督检查权，开展日常巡查、查办案件等执法工作。州、县（市）两级文化广电新闻出版局作为行政执法主体，承担法律责任，履行指导、监督职能，但不再直接从事相关执法活动。

（二）建立健全综合执法机制

一是建立综合执法责任机制。落实市场主体守法经营责任、综合执法机构执法责任、行政主管部门监管责任和属地政府领导责任。严格确定不同岗位执法人员执法责任，建立健全责任追究机制，加强文化市场执法监督。

二是建立完善综合执法工作机制。建立文化市场综合执法权力清单制度和行政裁量权基准制度，完善举报办理、交叉检查、随机抽查、案件督办、应急处置等各项工作流程。推进政务信息公开，完善案件公示制度，提高执法透明度和公信力。

三是建立健全协作联动机制。建立文化市场跨部门、跨区域执法协作联动机制，完善上级与下级之间、部门之间、地区之间线索通报、案件协办、联合执法制度。健全文化市场行政执法和刑事司法衔接机制，坚决防止有案不移、有案难移、以罚代刑现象。

四是完善文化市场信用体系。建设全州文化市场基础数据库，完善市场主体信用信息记录，实施文化市场信用分类监管，建立文化市场守信激励和失信惩戒机制。建立健全文化市场警示名单和“黑名单”制度。推动行业协会、商会等社会组织建立健全行业经营自律规范、自律公约和职业道德准则，引导行业健康发展。

五是健全考核机制。将文化市场综合执法工作纳入社会治安综合治理成效评价体系和绩效考核，推动党委和政府履职尽责。健全文化市场综合执法绩效考评制度，加强对依法行政、市场监管、社会服务效能等方面的监督和评估。充分发挥 12318 文化市场举报电话和网络平台作用，畅通公众意见反馈渠道。建立文化市场综合执法工作第三方评价机制和群众评议反馈机制，制定公众满意度指标，增强综合执法工作评价的客观性和科学性。

（三）加强综合执法队伍建设

一是规范机构编制和人员管理。湘西州文化市场综合执法机构为参公管理的事业单位，干部任免参照宣传文化单位干部管理规定办理。综合执法人员依法依规纳入参照公务员法管理，对符合登记条件的予以登记，并实行实名制管理。县市机构编制部门要结合当地执法任务、辖区范围、执法对象等实际情况，根据综合执法工作的实际需要，统筹考虑、科学确定综合执法机构人员编制。新进人员按照《公务员法》等有关规定予以招录。

二是严格落实执法人员持证上岗和资格管理制度。未经执法资格考试合格的人员，不得授予执法资格，不得从事执法活动。探索建立执法人员资格等级考试制度。实施业务技能训练考核大纲，组织开展岗位练兵、业务培训、技能竞赛活动。注重人才培养，建立综合执法后备人才库，加强培训，不断提升执法人员执法能力和水平。

三是严格执法纪律。通过落实党内监督、行政监督、社会监督、舆论监督等方式强化文化市场执法监督，充分利用信息技术加强对执法行为的监督，防止人情执法等不公正、不文明执法，防止玩忽职守和失职渎职。严肃队容风纪，严格廉政纪律，对违纪违法的要严肃查处，并在媒体曝光。

（四）推进综合执法信息化建设

加快文化市场技术监管与服务体系建设应用步伐，推进行政许可与行政执法在线办理，进一步完善州、县（市）两级文化市场技术监管指挥平台。实现有关部门与文化市场监管相关的信息系统、视频监控系统的衔接和资源共享，实现互联互通。

五、大力实施文化创意产业“走出去”战略

一是积极拓展对外文化交流空间。围绕湘西州成立 60 周年，组织了

“辉煌60年”系列成就宣传，拍摄了系列外宣片。组织香港《商报》、香港《大公报》、香港《文汇报》、《美洲日报》等境外媒体参加“行进湘西”大型采访活动和州庆庆典活动宣传报道。组织协调“一带一路”国家主流媒体采访团、全球商报联盟采访团、日本新闻文化代表团、五洲传播中心等媒体走进湘西。积极推进矿博会、农博会、旅游节等重大经贸文化旅游活动的对外宣传，广泛邀请境内外媒体参与报道。毛古斯、辰河高腔、土家族打溜子、土家族织锦、苗族鼓舞等非遗项目赴中国澳门、法国、俄罗斯、美国、韩国交流演出。湘西州民族歌舞团、永顺县毕兹卡艺术团及非遗代表性传承人，先后到韩国，以及我国香港、澳门、台湾地区开展文化交流，先后多次代表湖南省参加文化部“春雨工程”文化交流活动，与广西、吉林、黑龙江等省的艺术家同台演出，为群众献上精彩的文化节目。

二是创新对外文化交流机制。推介神秘湘西，塑造湘西州良好形象。40余家外媒记者来湘西州采访报道，神秘湘西在境外影响力不断扩大。专版推介凤凰全域旅游的《中国日报》，送进了第三届世界互联网大会会场。中英双语外宣图书出版发行，“神秘湘西”外宣品形成“书、画、碟”系统。湘西苗绣、土家织锦、银饰作品赴法国参展，土家族打溜子队伍赴法国演出。文化旅游微电影《索咴·花亘》《惹巴拉女人》正式首映。拍摄制作了八集纪念红军长征胜利80周年的电视纪录片《红色湘西》，已在湖南卫视国际频道和州、县（市）电视台播出，反响强烈。吉首鼓文化节、中国土司制度与土司文化国际学术研讨会，成为湘西州对外文化交流的品牌。

第四节　湘西州推进文化创意产业发展面临的问题和对策建议

一、湘西州文化创意产业发展存在的主要问题和挑战

（一）文化创意产业发展投入不足

全面分析湘西州发展情况，深入推进文化体制改革，促进文化事业全面繁荣和文化产业快速发展，需要进一步加大资金投入。虽然近几年财政对文化创意产业的投入力度不断加大，但由于湘西州是少数民族贫

困地区，长期以来文化创意产业发展经费基数低，财政投入的增长与文化产业发展需求之间仍有不小差距。湘西州在财政投入、税收及土地优惠方面政策倾斜力度还不够大，没有形成完整性、多层次、全方位的支持体系。同时，社会资本进入文化创意产业的途径仍不十分通畅，不少民营文化创意企业融资渠道十分单一，主要靠自有资金，制约了其发展壮大。已经出台的促进文化产业融合发展政策也存在落地障碍，相关的土地供应、财税政策、金融政策和人才政策等尚不完全配套，操作层面还需细化。

财政投入不足，直接影响文化产业相关的基础设施建设。目前，湘西州各县（市）图书馆、文化馆馆舍面积大小不一，功能发挥不一，很难形成统一标准，集中和最大化满足群众精神文化需求还有很大的差距。全州 8 个县（市），还有一半没有博物馆、美术馆。湘西州公共文化馆、图书馆、乡镇综合文化站上等级率还不能全部达到国家上等级标准。在城镇主要街道、公共场所、居民小区等人流密集地点，特别是乡镇和村（社区），阅报栏或电子阅报屏还不能实现全覆盖。各级公共文化设施为残疾人配备的无障碍设施还不健全。

（二）文化创意产业发展内生动力不足

一是文化创意产业规模仍然偏小。尽管近年来湘西州文化创意产业的发展较为迅速，但其规模仍然很小。如表 4-2 所示，从文化创意产业总产出和增加值两项指标来看，湘西州目前在湖南省各市（州）中居倒数第二位，仅略高于张家界市，两项指标分别仅相当于长沙市的 1.93% 和 2.55%。从文化创意产业规模以上企业数目及从业人员数量来看，湘西州处于全省最低水平；分别仅相当于长沙市的 3.23% 和 1.57%，甚至明显低于同处大湘西地区的张家界市。这意味着湘西州文化创意产业发展的基础还很薄弱，仍处于发展的初级阶段。从文化创意产业在地区经济中的相对低位看，湘西州文化创意产业的发展业不充分，其增加值占 GDP 的比重在全省排名靠后，低于同处大湘西地区的怀化市，更明显低于长沙、株洲、湘潭、郴州各市的水平。

二是文化创意产业集约程度低、结构不合理。小微企业众多，上规模、影响大的龙头企业偏少，龙头引领和深度融合还需加强；文化产业中的传统产业占比过大，版权、动漫、设计等核心产业开发严重不足，

表 4-2　2017 年湖南省各市（州）文化和创意产业主要经济指标

地区	文化和创意产业总产出（万元）	文化和创意产业增加值（万元）	文化和创意产业增加值占 GDP 比重（%）	规模以上文化和创意产业企业数（个）	规模以上文化和创意产业企业从业人员（人）
全省	66579884	21120805	6.23	3340	459573
长沙市	28643669	9025761	8.84	1113	163818
株洲市	5916893	1796304	7.10	355	116473
湘潭市	3401920	1004627	5.01	195	15114
衡阳市	4374223	1314691	4.50	188	14438
邵阳市	2697638	784470	4.82	177	19834
岳阳市	5258964	1544260	4.95	205	23262
常德市	4192253	1394928	4.50	226	21048
张家界市	453512	206148	3.83	53	4815
益阳市	2416110	776130	4.82	153	13337
郴州市	3340208	1158209	5.32	222	24698
永州市	1779829	660564	4.00	94	12075
怀化市	1596089	605361	4.32	141	10170
娄底市	1953780	619358	4.39	182	17927
湘西州	554798	229994	4.00	36	2564

资料来源：《2018 湖南文化和创意产业发展统计概况》。

文化与旅游、科技、金融的融合度不高。湘西州文化企业虽然数量众多，但规模不大，规模以上文化企业仅有 40 家。全州文化产业业态门类构成还不够优化，休闲娱乐、演艺、网吧、广告、印刷包装等传统产业所占份额较大，网络技术、数字技术等与其他产业深度融合的新型文化产业发展不足。科技含量高、实力强的新型文化企业，尤其是大型产业集团亟待培育。传统行业正处于转型升级“阵痛期”，产品制作仍停留在原始制作水平，经营发展状况堪忧。尤其是工艺美术、烟花爆竹、印刷包装等市场萎缩、人才短缺，产值、利润逐年下降，甚至不少规模以上企业退规，本土传统行业面临发展困境。

三是政策支持力度不大，产业引导资金少。一方面，文化产业园区孵化功能还需提升。园区缺乏规划，无国家级文化产业园区，好的项目引不进来。产业园区是推进产业发展的孵化器，也是集聚项目、资本和人才的重要载体。特别是文化创意产业，是轻资产、小规模、重创意的产业，更需要园区的“孵化”。虽然湘西州已经建成了湘西非物质文化遗产园和凤凰之窗文化旅游产业园两个产业园，但湘西州的文化创意产业园区建设还在起步阶段，功能还有待拓展提升。另一方面，产业扶持政策需要进一步明晰。近年来，中央、湖南出台了一些文化改革发展政策，但是政策停留在指导意见，还是不够明晰，不便于操作和执行，政策不能很好地“落地”。

（三）与文化创意产业发展相关的体制改革发展欠深入

一是文化体制改革还有短板。管人、管事、管资产、管导向相统一的文化资产监管体系尚未完善，国有文化企业综合效益的考核体系还不够健全。

二是由于文化体制改革还不到位，经济效益与社会效益协调统一有难度。文化事业单位在处理经济效益与社会效益关系时，会因自身生存发展原因，在具体安排上有时会优先经济效益，造成社会效益和经济效益比例不恰当。同时，广大文化创意企业也面临着这样的困难，经济效益和社会效益难以兼顾。

三是文体设施建设建管用不到位，导致公共文化产品和服务的供给效能不高。重点文化设施普遍陈旧，保障水平有限，设施新建推进缓慢。文化站尚未全覆盖所有乡镇，部分乡镇文化站名不副实。创新服务手段不多，文化管理理念、方法和手段与“互联网+”时代要求不相称。同时，当前公共文化产品种类数量少、质量不高的问题比较普遍，一些公益性文化单位活力不足、效率不高。“重设施建设，轻管理使用”的问题普遍存在。由于建立健全公共文化服务体系的刚性法律法规偏少，基层“重经济、轻文化”的观念得不到根本改变，基层公共文化服务的绩效考核评估机制不完善，直接影响公共文化服务效能。

（四）人才制约瓶颈还比较突出

一是文化创意相关人员缺乏，湘西州文化创意产业依然以引进人才为主，本地培养人才的体制机制仍不健全。而且，由于文化发展经费投入不足、文化产业引导资金规模偏小，造成人才很难引进并扎根于湘西州，导致引进人才数量与当地实际需要的人才数量仍有很大的出入。

二是乡镇文化站人员的配置还达不到国家指导标准。湘西州文化队伍人员编制偏少，特别是基层文化专业技术人才和文化综合执法人员缺乏。虽然乡镇文化站都配备了编制人员，但村（社区）还没有全部达到政府购买的公益文化岗位的要求。

三是基层文化站人员流动和用人机制不完善，导致基层文化专干不专问题严重。目前湘西州乡镇文化站实行“行政隶属乡镇领导、业务上接受主管部门指导”的管理体制，使文化站工作人员虽名为专干，但大多数身兼数职，抓民政、计划生育等工作，有的文化专干是队伍转业安置人员，有的工作人员对文化工作一窍不通。

四是高层次文化人才比较缺乏。目前，湘西州文化领域高层次人才较少，现有正高、副高职称的文艺人才数量偏少，高水平的导演、编舞、编曲等专业人才几乎空缺，编剧、作曲、演员等专业人才也存在青黄不接的问题。而且，宣传思想文化人才，尤其是新闻媒体人才流失现象较为突出。

五是人员知识结构和年龄结构不尽合理。我们对 2010～2014 年湘西州的文化队伍进行了调研，35 岁以下年轻文化人才占比不足 28.9%，而 36～50 岁文化人才占比高达 58.3%。2014 年，全州文化艺术类 146 名人员，研究生学历不到 1%，本科学历 15%，专科学历 57%，中专学历及以下 27%；全州出版系列类文化人才几乎没有，年龄结构偏大，知识结构不合理，影响文化队伍整体素质。

二、对湘西州进一步推动文化创意产业发展的建议

（一）不断加强文化创意产业内生动力的培养

一是加快推进文化产业发展平台建设。大湘西板块是湖南省三大文化产业发展特色功能区域之一，湘西州是其中的主要部分。近两年来，湘西州围绕“十三五”文化产业发展规划，依托丰富的非遗文化资源，

大力推进文化产业发展平台建设。湘西州相继建成了湘西非物质文化遗产园和凤凰之窗文化旅游产业园；第三个产业园即龙山惹巴拉影视文化产业园也即将完工；开展了神秘湘西文化产业园和十八洞非遗文化产业园建设；实施了矮寨文化旅游综合体项目建设。其中，湘西非物质文化遗产园已经成功入选省级特色文化产业示范园区；十八洞村被确定为湖南省文化产业扶贫示范点；龙山惹巴拉影视旅游文化产业园与北京消费宝集团签约，签约金额达2亿元。

二是积极发展县域特色文化产业。实施“一县一品”工程，推进县域成为文化产业新的支撑点。按照突出文化产业的地方元素，改造民间特色传统工艺，加强非物质文化遗产生产性保护，努力做大做强龙山土家织锦产业、吉首苗族鼓文化产业、古丈和保靖的茶文化产业、泸溪傩文化产业、凤凰文化旅游产业、永顺红色文化产业、花垣苗绣文化产业等县域文化产业品牌，奠定县域文化产业特色化、差异化发展的基础。

三是继续推进州属国有文化企业改革与发展。全面落实湖南省、湘西州部署的改革事项。健全落实意识形态工作责任制度；加快推进国有文化企业公司制改制和整合重组。加快州属国有文化企业发展，着力提高全州文化产业发展质量和效益；推进州属国有文化企业改革，修订完善公司章程，全面完成出资人变更登记；健全州属国有文化企业管理体系，开展清产核资工作，健全“双效”业绩考核机制；加强企业人才队伍建设，配齐配强州属国有文化企业高层管理班子。

（二）深化文化创意产业与相关产业的融合发展

继续推进文化强州重点项目建设，促进文化产业招商引资项目落地开工。加快推进文化强州重点项目“魅力湘西文化产业园”项目建设步伐。实施“文化+”行动，重点推进“文化+旅游”“文化+农业”“文化+美丽乡村建设”融合发展，力争完成“湘西乡村文化创意产业综合体”吕洞山试点项目主体建设。按照融合发展的思路，大力实施县域文化产业“一县一品”工程，推进县市“文化+”融合发展。

一是进一步加强文化产业与旅游业融合发展。湘西州文化产业发展工作一定要服务于创建全域旅游示范州战略，坚定“文创改变乡村，以文创推动乡村复兴”的共识，明确“以文化创意为核心，大力发展特色文化旅游、特色农副产业、特色精品民宿”的乡村文创产业发展路子。

要坚定追随乡村振兴战略，按照“望得见山、看得见水、记得住乡愁”的总体要求，延续城镇、村寨历史文脉，支持建设有历史记忆、地域特色、民族特点的文化旅游风情小镇和特色旅游村寨。推出“古苗疆走廊的起点”“川盐入湘古道”“走红二、六军团走过的路”等文化旅游精品线路。依托大湘西精品旅游线路，启动品乡村文化旅游项目建设项目。引领文化产业与旅游服务行业持续走强。

二是推动文化产业与制造业融合发展。以印刷复制服务为主的文化产品生产的辅助生产业增速较快，以“互联网+”为主要形式的文化信息传输服务业发展形势较好，文化艺术服务业、文化创意和设计服务业迅速增长。这些对湘西州的文化及创意产业的快速发展将会起到重要的支撑作用。

三是引导文化产业与农业融合发展。按照现代乡村文化创意产业综合体要求，以文化创意为核心，依托乡村现有资源，因地制宜，大力发展乡村特色产业、乡村文化旅游、乡村特色民宿，按照“文化传承+休闲体验、文化创意+产业提升、文化提升+旅游提质”的“农文旅”一体化模式，实现“兴农、富民、强村”的目标，启动“湘西乡村文创综合体”试点建设项目。

（三）将文化创意产业发展与历史文化和传统工艺振兴有机结合起来

一是挖掘和包装民风民俗、民族歌舞、民间绝技、民间工艺、民族医药等文化资源，推进历史文化资源向文化创意产品转化。继续推进文化创意产业与传统节会活动融合发展。因地制宜发展传统民族节会产业，推动元宵节、端午节、钢火烧龙、清明歌会、苗族“三月三”“四月八”跳花节、“六月六”对歌节、“七月七”苗鼓节、赶秋、社巴节等民族传统节庆活动产业化运营。同时，积极开发具有高附加值和浓郁民族特色的民间工艺品、特色食品、旅游商品，重点支持发展湘西腊味、猕猴桃、边城醋业、古丈毛尖、黄金茶、酒鬼酒等湘西特产，开发土家织锦、蜡染、苗绣、银饰、踏虎凿花等非遗产品，打造一批知名的“湘西有礼”文创产品品牌。

二是依托历史文化资源向文化创意产品转化能力。①通过大湘西地区非遗生产性保护项目和湖南省文化产业发展专项资金项目的实施，进一步增强湘西州基于传统非遗工艺美术品的研发能力。要把支持的重心放在传统非遗文化的市场潜能挖掘方面，逐步将土家织锦、苗族美术、服饰、竹编工艺、傩文化等多个传统文化系列工艺美术品所蕴含巨大的市场潜能挖掘出来。②鼓励和支持利用互联网开展文物和非遗精品、数字产品制作与推广，推动历史文化与教育、文创、动漫、设计等领域的跨界融合。组织开展文创产品大赛，支持非遗大师工作室建设。③充分发挥政府主导、市场主体的作用，综合运用报纸、书刊、电视台、互联网等各类载体，用好抖音、火山、快手等短视频平台，融合多媒体资源，创新表达方式，集中展示具有湘西州文化标识的风情剧目、演艺产品、纪录片、动漫和网络视听节目，提升湘西州历史文化类文化创意产业的核心竞争力。

三是加强专门人才培养。加大与吉首大学、湘西民族职业技术学院、吉首大学师范学院等州内高校合作，培养本土专业人才。支持民间匠人参与文化保护工程项目实施，将民间工匠纳入全州人才库，推动传统工艺入选高等院校、职业院校教学内容，建设以传统工艺传承保护为核心的产学研协同创新平台。州、县（市）文化行政主管部门要有计划依托重点工程或重大项目，通过以干促学、边干边学、实地培训等方式，形成“以培代修”的人才培养模式，培养一批文物修复、古建维修、科技鉴定、田野考古、展陈设计等专业人才。

（四）继续以文化建设夯实文化创意产业发展的基础

通过公共文化体系建设，进一步激活本地的文化创意产业发展活力，包括提升文化创意产业的产品供给能力、扩大人民群众对文化创意产品的需求，以及完善文化创意产业发展与公共文化体系建设的联动机制等。

一是加快完善公共文化基础设施。高质量完成既定的工人文化宫、文化广场等重大文化设施项目，推进州、县图书馆、文化馆提质改造工作，争取州、县两级公共图书馆、文化馆早日全部达到国家建设标准。全面实施村综合性文化服务中心建设，要在近期内实现全州村综合文化服务中心全覆盖。推动流动服务设施建设，力争实现全州都有流动舞台车、图书车和电影放映车投放目标，经常性开展文化流动服务。加强卫星广播电视接收、地面数字广播传输和无线覆盖设施设备运行维护，提高农村广播“村村响”“户户通”使用效率。

二是加强公共文化数字化建设，提升文化传播能力。完成公共图书馆和文化馆数字化建设，建立公共图书馆、文化馆数字文化综合服务平台，推动数字文化资源进村入户。加快推进湘西土家族特色专题数字资源库、湘西苗族（东部）特色专题数字资源库以及湘西名人特色专题数字资源库建设，完成数字博物馆建设。促进高清电视、互动电视、交互式网络电视、手机电视等新业务发展，推进数字出版，构建数字出版物传播平台。

三是加大公共文化产品供给。以县（市）为单位，围绕文艺演出、读书看报、广播电视、电影放映、展览展示、教育培训等方面，进一步明确基本公共文化服务项目，加大公共产品生产和服务供给力度。继续做好“深入生活、扎根人民”主题实践活动，加大艺术作品创作力度，抓好重点图书、广播、电影、电视和剧目的创作、生产和演出。

四是完善社会力量参与机制。进一步完善政府向社会力量购买公共文化服务机制，更好推动文化创意企业参与公共文化建设。大力发展非遗生产性保护，实施传统工艺振兴计划，引导和支持文化企业开发相关公共文化产品和服务，积极搭建传统文化工艺展销平台，对接市场，增强公共文化发展后劲。同时，健全全州文化志愿服务机制，拓宽志愿服务活动范围，创新志愿服务内容形式，积极开展更多的文化志愿服务。

五是强化文化发展保障机制。将公共文化服务体系建设所需资金纳入州、县政府预算管理，更加地完善公共文化服务财政保障机制，落实公共文化服务财政保障专项资金，切实落实国家对文化事业和文化产业的税收优惠政策。强化各级党委、政府构建公共文化服务体系的责任，让公共文化服务在本地区国民经济和社会发展总体规划中协调发展。加强对文化创意人才的培养，提升综合文化队伍综合素质。大力培养乡土文化能人和民间文化传承人。在村（社区）设立基层公共文化服务岗位，配置由公共财政补贴的工作人员，加大对基层文化队伍培训力度，提高文化服务能力。

参考文献

［1］ Baumol W. J.， Bowen W. G. Performing Arts—The Economic Dilemma：A Study of Problems Common to Theater，Opera，Music and Dance ［M］. New York：Twentieth Century Fund，1966.

［2］ Florida R. The Rise of the Creative Class：And How it's Transforming Work，Leisure，Community and Everyday Life ［M］. New York：Basic Books，2002.

［3］ Howkins J. The Creative Economy：How People Make Money from Ideas ［M］. London：The Penguin Press，2001.

［4］ Throsby D. Economics and Culture ［M］. Cambridge：Cambridge University Press，2001.

［5］ Stoneman P. Soft Innovation：Economics，Product Aesthetics，and Creative Industries ［J］. Promethews，2011，30（3）318-320.

［6］ Keane M. Creative Industries：An Internationalizing Dynamic？［J］. Taiwan：Media Technology Creative Indusing，and Cultural Significance Conference Commrnications Arts Research Institute，2004.

［7］ Oakley K. Include Us Out：Economic Development and Social Policy in the Creative Industries ［J］. Cultural Trends，2006，15（4）：255-273.

［8］ UNCTAD. Creative Economy Report 2010 ［R］. Geneva：UNCTAD，2010.

［9］ 约瑟夫·熊彼特. 经济发展理论 ［M］. 何畏，易家详译. 北京：商务印书馆，1990.

［10］ 理查德·E. 凯夫斯. 创意产业经济学：艺术的商品性 ［M］. 康蓉译. 北京：新华出版社，2004.

［11］厉以宁. 文化经济学［M］. 北京：商务印书馆，2018.

［12］沈山. 论文化创意产业与艺术授权经营［J］. 经济前沿，2004（12）：56-57.

［13］厉无畏. 创意产业导论［M］. 上海：学林出版社，2006.

［14］胡晓鹏. 基于资本属性的文化创意产业研究［J］. 中国工业经济，2006（12）：5-12.

［15］姚东旭. 文化创意产业的界定及其意义［J］. 商业时代，2007（8）：95-96.

［16］周哲. 试论当前文化创意产业发展的三要务［J］. 现代传播，2010（10）：156-157.

［17］张世君. 论我国文化创意产业法律保护体系之构建［J］. 法学杂志，2011（1）：42-44.

［18］覃京燕，刘新，张盈盈. 可持续设计与文化创意产业发展的关系研究［J］. 现代传播（中国传媒大学学报），2011（5）：165-166.

［19］荣跃明. 文化产业：形态演变，产业基础和时代特征［J］. 社会科学，2005（9）：176-186.

［20］熊澄宇. 世界文化产业研究［M］. 北京：清华大学出版社，2012.

［21］邢华. 文化创意产业价值链整合及其发展路径探析［J］. 经济管理，2009（2）：37-41.

［22］金元浦. 文化创意产业概论［M］. 北京：高等教育出版社，2010.

［23］赵静超，司若. 媒介融合与文化创意产业价值链的延展［J］. 电视研究，2010（6）：13-15.

［24］蒋园园，杨秀云，李敏. 中国文化创意产业政策效果及其区域异质性［J］. 管理学刊，2019（5）：9-19.

［25］漆雅芳. 提升湖南文化创意产业竞争力研究——基于 SWOT 和因子分析［J］. 大众文艺，2019（17）：271-272.

［26］梁明，楚国帅. 中国文化创意产业发展刍议［J］. 广西社会科学，2019（6）：157-159.

［27］王毅，廖卓娴. 湖南文化创意产业园区发展分析与建设路径

[J]. 经济地理，2019，39（2）：215-223.

[28] 李燕. 中国文化创意产业融资效率的测算及其影响因素研究[D]. 长春：东北师范大学博士学位论文，2018.

[29] 刘如新. 中国文化创意产业国际竞争力研究 [D]. 青岛：青岛大学硕士学位论文，2018.

[30] 于铁. 金融支持文化产业发展：日韩经验及借鉴 [N]. 金融时报，2018-02-05（009）.

[31] 洪银兴. 文化创意产业与中国供给侧结构性改革 [J]. 文化产业研究，2017（3）：2-5.

[32] 杨欢. 中国文化创意产业发展存在的问题与对策研究 [J]. 传播与版权，2017（11）：84-86.

[33] 彭璟玮. 中国文化创意产业：现状、特征及问题 [J]. 经济师，2017（10）：49-51.

[34] 朱江丽. 中美文化创意产业出口的比较分析——兼论中国文化产业"走出去"的策略 [J]. 西南民族大学学报（人文社会科学版），2017，38（8）：168-173.

[35] 刘慧. 中国文化创意产业竞争力研究 [D]. 北京：首都经济贸易大学硕士学位论文，2017.

[36] 范秋林. 中国文化创意产业知识产权保护的问题与对策 [J]. 法制博览，2017（13）：183-184.

[37] 袁俊，张萌. 中国文化创意产业园与旅游业融合效果的地区对比——基于网络评论的内容分析 [J]. 世界地理研究，2016，25（6）：119-127+147.

[38] 李丽萍，杨京钟. 英国文化创意产业税收激励政策对中国的启示 [J]. 山东财经大学学报，2016，28（2）：48-54.

[39] 贺英. 中国文化创意产业人才集聚影响因素的实证研究 [D]. 长沙：湖南大学硕士学位论文，2015.

[40] 梁贤军，周国强，马仁锋. 中国文化创意产业研究热点与趋势分析 [J]. 科技与管理，2015，17（2）：1-6.

[41] 郑自立. 湖南文化创意产业转型升级的路径与对策研究 [J]. 中州大学学报，2015，32（1）：9-15.

［42］赵佳华. 湖南文化创意产业发展模式选择研究［D］. 湘潭：湖南科技大学硕士学位论文，2014.

［43］陈小平，何清湖. 我国区域文化创意产业集群化方法研究——以湖南为例［J］. 学术论坛，2012，35（12）：125-129.

［44］鲍丽雯. 湖南文化创意产业优劣势分析及发展策略［J］. 合作经济与科技，2012（22）：24-26.

［45］尹锋. 关于湖南文化创意产业发展战略及实施对策的思考［J］. 长沙大学学报，2012，26（6）：19-21.

［46］贺培育，黄海，周海燕. 发展湖南文化创意产业的思路及对策［J］. 湖南城市学院学报，2012，33（4）：53-57.

［47］李庸. 湖南文化创意产业竞争力研究［D］. 湘潭：湘潭大学硕士学位论文，2012.

［48］尹锋，倪问尹，彭晨曦，符勤. 湖南大力发展文化创意产业势在必行［J］. 长沙大学学报，2011，25（6）：19-22.

［49］肖泽炎. 基于集群式创新的湖南文化创意产业发展研究［D］. 湘潭：湘潭大学硕士学位论文，2011.

［50］周瑄. 湖南文化创意产业发展与人才培养对策研究［J］. 湖南人文科技学院学报，2010（5）：54-56.

［51］刘涓. 湖南文化创意产业竞争力研究［D］. 长沙：湖南大学硕士学位论文，2010.

［52］李航. 湖南文化创意产业发展研究［D］. 长沙：湖南师范大学硕士学位论文，2010.

［53］湖南统计信息网. 长沙文化产业发展现状与问题研究［EB/OL］.［2018-11-16］. http://tjj.hunan.gov.cn/tjfx/sxfx/zss/201811/t20181112_5186090.html.

［54］湖南省统计局. 四问题制约湖南规模以上文化产业转型发展［EB/OL］.［2017-11-09］. http://www.sohu.com/a/203260369_120702.

［55］湖南省发展和改革委员会《湖南"十二五"文化和创意产业发展情况分析》［EB/OL］.［2016-07-29］. http://fgw.hunan.gov.cn/tslm_77952/hgzh/201607/t20160729_3115212.html.

［56］国家统计局. 文化及相关产业分类（2012）［EB/OL］.［2012-

07-31]. http://www. stats. gov. cn/tjsj/tjbz/201207/t20120731_8672. html.

[57] 湖南省统计信息网. 2015 湖南文化和创意产业发展统计概况 [EB/OL]. [2015-12-23]. http://tjj. hunan. gov. cn/tjsj/tjcbw/201512/t20151223_3818633. html.

[58] 湖南省统计信息网. 湖南省文化和创意产业发展现状、问题及对策建议研究 [EB/OL]. [2015-07-17]. http://tjj. hunan. gov. cn/tjfx/jczx/2015jczx/201507/t20150717_3788432. html.

[59] 湖南省统计信息网. 上半年湖南省规模以上文化产业发展情况分析 [EB/OL]. [2016-08-11]. http://tjj. hunan. gov. cn/tjfx/jczx/2016jczx/201608/t20160811_3788383. html.

[60] 湖南省统计信息网. 从前三季度数据看湖南规模以上文化产业转型发展 [EB/OL]. [2016-08-11]. http://tjj. hunan. gov. cn/tjfx/jczx/2016jczx/201608/t20160811_3788383. html.

附　录

附录一　2019 年度湖南省文化产业发展专项资金支持项目

附表 1　2019 年度湖南省文化产业发展专项资金支持项目

序号	项目单位	项目名称
一、马栏山视频文创产业园项目（6 个）		
1	马栏山创业投资管理有限公司	马栏山广播电视电影网络视听节目版权交易中心
2	长沙马栏山投资开发建设有限公司	马栏山视频文创产业园 5G 试验网项目
3	马栏山视频文创产业园管委会	重大文化产业公共服务平台建设
4	湖南红网新媒体集团有限公司	马栏山红色文化视频创作基地
5	湖南岳麓书社有限责任公司	马栏山湖湘特色传统文化音视频文创服务平台
6	湖南文化创意设计有限公司等	首届“马栏山杯”文化创意设计大赛
二、新闻出版服务类项目（11 个）		
7	湖南华声户外运动有限公司	秘境 100 计划·湖湘地理产业开发系统项目
8	湖南日报报业集团有限公司	艺术潇湘—湖南文化艺术品交易展示平台项目
9	湖南日报社	湖湘地方特色文创产品创新性转化与销售项目
10	华声在线股份有限公司	华声绿色印刷项目
11	中南出版传媒集团股份有限公司	教育机器人 1.0 研发与配套平台建设
12	湖南省新华书店有限责任公司	湖南新华在线数字资源平台项目
13	湖南快乐老人产业经营有限公司	中老年数字视频平台“乐龄视界”项目（第 I 期）
14	体坛传媒集团股份有限公司	体坛+体育数据平台项目

续表

序号	项目单位	项目名称
15	湖南奔腾文化创意股份有限公司	翻欢乐幼儿创意图书研发应用
16	江华九恒数码科技有限公司	智能化绿色数字印刷产业基地项目
17	新印科技股份有限公司	新化文印产业创新品牌建设项目
三、广播电影电视类项目（13 个）		
18	湖南省有线电视网络（集团）股份有限公司	湖南有线“光网湖南”云平台项目
19	潇湘电影集团有限公司	潇影集团摄影棚改造
20	湖南国际会展中心	湖南国际会展中心提质升级改造项目
21	湖南省电影发行放映中心有限公司	楚湘院线改造及院线数字化提质升级
22	湖南金蜂音像出版社有限公司	小戏骨演经典学经典创新型少儿栏目剧项目
23	湖南金鹰卡通有限公司	动画片《家有小主泥巴坨》
24	株洲千金文化广场有限公司	千金巨幕影城曼哈顿店建设项目
25	邵阳市鸿臣传媒有限公司	邵阳广播电视台鸿臣教育项目
26	湖南大湖传媒集团有限公司	“全媒体+岳阳小龙虾”产业整合发展平台
27	湖南有线屈原网络有限公司	智慧屈原双向数字网络工程建设
28	郴州七星文化传媒有限公司	郴州市大型节会活动直录播平台升级改造
29	衡阳县电视台	衡阳县电视台摄录编设备改造
30	益阳金广传播有限责任公司	法制宣传电视情景剧《万事和为贵》
四、文化旅游融合发展类项目（12 个）		
31	华声在线股份有限公司	华声研学亲子文创体验基地
32	湖南省话剧院有限责任公司	河西大学城小剧场话剧演出基地
33	湖南省歌舞剧院有限责任公司	湖南省歌舞剧院演艺配套设备的更新换代
34	湖南省体育国际旅游有限公司	“一带一路”沿线国家体育技术交流培训项目
35	湘潭市文化产业发展有限公司	白石文旅创意产业基地建设
36	湖南洪江古商城文化旅游产业投资股份有限公司	洪江古商城“驿码头”文化旅游项目
37	常德市文化旅游投资开发集团有限公司	桃花源历史文化体验馆布展工程

续表

序号	项目单位	项目名称
38	张家界天门狐仙文化旅游产业有限公司	天门狐仙演出舞美升级改造
39	湘西自治州民族文化传媒有限公司	湘西州文旅产业信息平台
40	常宁市印山文化旅游景区开发有限公司	常宁市印石文化交流中心
41	安化梅山文化生态园旅游开发有限责任公司	“文化+茶旅+中小学生研学实践教育基地+文创”
42	湖南源福文化旅游发展有限公司	武冈“同保楼”文化旅游项目
五、“文化+体育、创意设计类”项目（10个）		
43	湖南体育产业研究院有限公司	“梦想青成”体育职业教育计划
44	湖南运健达健身器材有限公司	湖南省室外智能健身路径的研发及推广项目
45	湖南勇胜篮球俱乐部有限责任公司	2019年全国男子篮球联赛湖南赛区赛事
46	湖南省湘绣研究所	960艺术PARK湘绣文化创意平台项目
47	长沙锄禾展示展览有限公司	基于多通道沉浸式技术在展馆的创意设计与应用
48	湖南孝文电子科技有限公司	传承千年的非物质文化遗产——浏阳烟花的“创新突围之路”
49	中广天择传媒股份有限公司	“烟花一夜”系列数字光电烟花秀
50	湖南醴陵红官窑瓷业有限公司	国家级非物资文化遗产——醴陵釉下五彩技艺传承、创新、展示、销售基地建设
51	湖南蓝印文化发展有限公司	邵阳蓝印花布保护性生产基地建设项目
52	临武县舜通宝玉石文化发展有限公司	临武县宝玉石文化产业园建设项目
六、文化产业公共平台及其他类项目（9个）		
53	湖南省演艺集团有限责任公司	补充注册资本金
54	湖南体育产业集团有限公司	补充注册资本金
55	湖南出版投资控股集团等	第十五届深圳文博会参展补助
56	湖南快乐阳光互动娱乐传媒有限公司	2019香港影视展参展补助

续表

序号	项目单位	项目名称
57	中南传媒、芒果超媒、电广传媒	全国文化企业30强获奖奖励
58	郴州国际矿物质博览会	郴州国际矿物质博览会补助
59	湘潭昭山文化产业发展有限公司	湘潭昭山文创企业孵化园建设
60	湖南省动漫游戏协会	2019第五届湖湘动漫月活动补助
61	湖南省文化创意产业协会	湖南文化企业“走出去”及人才交流培训项目
七、小微文化企业和文化项目类（16个）		
62	长沙秒表文化传媒有限公司	新国学文化全域互动项目
63	韶山文博文化发展有限公司	毛泽东文化元素系列红色文创开发及平台建设
64	湖南雨花非遗文化传播有限公司	非遗特色文化集聚区建设
65	湖南歌诺雅乐器制造有限公司	歌诺雅乐器东安三万把木吉他生产与自主品牌创建项目
66	龙山县惹巴妹手工织品有限公司	土家文化（手工织品）扶贫车间建设推广
67	湖南鹤云漫天文化产业发展有限公司	侗族非遗系列动漫《大歌行》及非遗文创IP产业开发项目
68	靖州县金心笔业有限责任公司	年产8亿支软化铅笔项目
69	益阳早禾工艺美术伞业有限公司	益阳明油纸伞（特色旅游商品）生产基地建设项目
70	安乡县百兴健身服务有限公司	安乡县百兴文体创意场馆建设项目
71	耒阳新中桥文化传媒有限公司	《大美耒阳》文化科技创意项目
72	湖南花火剧团有限公司	“花火剧场”创意烟花艺术表演创新与制作项目
73	长沙府窑陶瓷艺术有限公司	铜官陶瓷复兴创意创新项目
74	湖南铜官海旭陶瓷有限公司	铜官千年陶瓷文化产业配套设备升级改造项目
75	长沙泥人刘陶艺有限公司	“一带一路”机遇下铜官陶瓷专精特新发展项目
76	湖南仙阳湖文化传媒有限公司	逸迩阁书院研学旅游项目
77	南县春桃地花鼓花鼓戏演艺有限公司	春桃剧团“互联网+”

附录二 2018~2019 年湘西土家族苗族自治州文化宣传产业发展专项资金支持项目

附表 2 2018 年度湘西自治州文化宣传产业发展专项资金第一批支持项目

序号	申报单位	项目名称
1	湘西团结新媒体有限公司（湘西州团结报社）	“红湘西” 移动客户端建设
2	湘西恒广影视制作有限公司（湘西州广播电视台）	湘西电视台视频历史资料数字化保护项目
3	湘西广电新媒体有限责任公司（湘西州广播电视台）	湘西州新媒体融合发展项目
4	湘西州文化物质公司	银苑商城专业市场提质改造
5	吉首市委宣传部	吉首鼓文化节活动品牌建设项目
6	湘西州委网信办	湘西州茶文化品牌网络推广项目
7	泸溪县委宣传部	泸溪沅水绿色旅游公路文化基础设施建设项目
8	凤凰县委宣传部	凤凰“六月六”苗歌节
9	古丈县委宣传部	古丈县红石林镇坐龙峡村民宿项目
10	保靖县委宣传部	“夯沙文化创意产业+乡村旅游融合发展”项目
11	永顺县委宣传部	塔卧湘鄂川黔红色旅游提质扩容项目
12	龙山县茨岩塘镇甘露村民委员会	茨岩塘红色旅游配套工程甘露坪忆红群众文化广场建设
13	湘西州委宣传部	2018 年文化产业事业专项资金管理及绩效评估
14	武陵文化信息传播有限公司（湘西州文产办）	州文化产业事业项目库建设
15	湘西州团结报社	湘西文化名家工程项目
16	湘西州文广新局（武陵文化信息传播公司）	湘西民族影剧院完善二期配套项目
17	湘西州图书馆	州图书馆改造升级工程项目

续表

序号	申报单位	项目名称
18	湘西州文联	“美丽湘西”大型美术创作活动
19	吉首市委宣传部	电影《七天七夜》剧本创作补贴
20	湘西武陵山民族文艺传习中心	大型红色民族舞剧《马桑树下》编创项目
21	湘西州文化市场执法局	文化市场视频监控系统功能完善项目
22	湘西州民族文化馆	“湘西大舞台”活动启动经费

附表 3　2019 年度湘西土家族苗族自治州文化宣传产业发展专项资金第一批支持项目

序号	项目名称	项目单位	建设内容	项目所在地
1	食闻书社提质升级建设项目	食闻文化有限责任公司	食闻书社提质升级建设	吉首市
2	辰河高腔经典剧目《目连救母》连环画开发设计项目	泸溪县辰河高腔演艺有限责任公司	辰河高腔经典剧目《目连救母》连环画开发设计	泸溪县
3	乡村文化旅游推介项目	古丈县委宣传部	湖南卫视文旅节目摄制	古丈县
4	保靖县融媒体中心建设	保靖县广播电视台	县级融媒体中心建设	保靖县
5	永顺县融媒体中心建设	永顺县委宣传部	县级融媒体中心建设（全州试点）	永顺县
6	“土家山歌”收集整理与创作项目	龙山县旅文广新局	“土家山歌”收集整理与创作	龙山县
7	湘西民族文化园民族文化展演项目	湘西经开区文教卫体局	（湘西民族文化园）非遗、民俗文化传承、创意展演	湘西经济开发区
8	湘西民族文化传承园	瑞联文化旅游发展有限公司（国有）	新建湘西民族文化传承园，总建筑面积 12000 平方米，包括非遗传习区、民族文化传习区、民族体育传习区、文艺主题民宿、文化产品销售区、公区配套、非遗舞台 7 个部分	湘西经济开发区

续表

序号	项目名称	项目单位	建设内容	项目所在地
9	大型红色舞剧《马桑树下》赴北京、深圳、长沙和州、县展演	龙山县委宣传部	结合招商引资和旅游推介工作，将大型革命题材舞剧《马桑树下》推向国家大剧院、中央民族歌舞团剧院、省会长沙梅溪湖剧院、深圳等地展演，进一步宣传湘西，推介湘西文化，扩大湘西影响。同时在湘西大剧院和各县（市）、湘西经济开发区举行驻场演出和巡演，教育党员群众，激发工作热情	龙山县
10	全州爱国主义教育基地、革命纪念设施数字化管理（试点）	龙山县文化旅游广电局	将全州39处国家级、省级、州级、县级爱国主义教育基地和革命纪念设施的基本情况、基本史料、图片、视频等进行数字化采集，生成二维码，创新互联网展陈方式，解决单体革命纪念设施缺乏讲解员，教育功能发挥不佳的问题	龙山县
11	十八洞、菖蒲塘融媒体直播项目	湘西州团结报社	组织记者以现场云的方式，加强十八洞村、菖蒲塘村“精准扶贫”宣传报道，开展《今日十八洞》《今日菖蒲塘》融媒体直播	县市
12	湘西大舞台项目	湘西州民族文化馆	按照全省“欢乐潇湘”活动总体安排，持续发挥“湘西大舞台”文化品牌效应，开展精品文化惠民活动，全年组织文艺演出100场	州直

续表

序号	项目名称	项目单位	建设内容	项目所在地
13	全州精准扶贫宣传与推介	湘西州委宣传部	统筹中央和省级媒体来州开展精准扶贫宣传与推介活动。组织开展全州“精准扶贫”典型宣传推介活动。《团结报》开设“脱贫路上——精准脱贫百村行”专栏，组织记者以现场云的方式，加强菖蒲塘村精准扶贫宣传报道，开展《今日十八洞》融媒体直播。湘西州广播电视台摄制播出大型电视政论片《决胜湘西》。围绕文化扶贫、教育扶贫、科技扶贫、卫生扶贫、生态扶贫、人才扶贫等有关领域，摄制播出系列公益宣传片	州直
14	“湘西讲堂”报告厅基础设施改造完善项目	湘西州图书馆	建设完善州图书馆多媒体报告厅有关基础设施。配套主席台设施设备和现场250张观众桌椅、LED大屏幕、音响灯光系统、互联网直播控制系统等	州直
15	全州监看监听中心设备升级项目	湘西州广播影视监听监看中心	湘西州广播影视监听监看中心全媒体监管系统平台设备升级及维护	州直

附录三　湘西土家族苗族自治州非物质文化遗产保护和传承机制

为了加强非物质文化遗产的保护和传承工作，湘西州政府办公室于2018年3月5日出台了《关于建立非物质文化遗产活态传承机制的通知》，提出了如下工作机制：

一、建立抢救性保护机制

（一）建立动态管理机制。州、县（市）文化行政主管部门要对面临濒危的非物质文化遗产项目和高龄传承人开展广泛深入调查摸底，建立濒危非物质文化遗产项目和高龄传承人动态管理机制。要掌握项目存续现状和保护传承面临的困难，对列入名录的濒危项目要进行重点研究、跟踪观察、实时监控，抢救征集其珍贵实物和资料。掌握高龄传承人生活及传承工作现状，充分利用文化志愿者优势，对高龄传承人采取“文化志愿者+传承人”的一对一服务，形成动态跟踪机制和常态化管理模式。

（二）开展数字化保护。对濒危非物质文化遗产项目和高龄传承人开展抢救性保护工作，建立项目和传承人数据库。协助国家、湖南省做好国家级和省级项目的数字化保护工作以及国家级代表性传承人抢救性记录工作。组织专业队伍，对濒危项目和高龄传承人进行数字化采集，2018年完成现有26个国家级非物质文化遗产项目的视频摄制工作，2019年至2020年完成84个省级项目视频摄制工作。

（三）编撰非遗丛书。开展濒危项目和高龄传承人的资料编辑和出版工作，编撰国家级、省级濒危项目丛书和高龄传承人口述史，形成湘西非物质文化遗产智库系列丛书。

（四）开展存续力研究。州、县（市）文化行政主管部门要联合高等院校、科研机构，对濒危项目进行深入研究，探寻科学的传承保护方法，不断改善濒危项目存续条件，提升项目存续活力。

（五）加强人文关怀。各县（市）人民政府要开展州级以上（含州级）代表性传承人关爱行动，建立慰问制度，定期走访慰问，每两年组织一次体检。

二、建立传承激励机制

（一）支持生产性保护。鼓励各级代表性传承人创办文化企业，支持建立非物质文化遗产生产性保护基地。鼓励社会各界人士特别是高校毕业生在非物质文化遗产领域投资创业，推动非物质文化遗产创造性转化、创新性发展。支持州级以上（含州级）代表性传承人进入旅游景区和文化市场开展传承展示活动，推动文化与旅游深度融合发展。支持各级生产性保护基地开展品牌研发与推广，形成一批具有市场竞争力的非物质文化遗产特色产品和品牌。

（二）提高传承人补助费标准。国家级、省级、州级非物质文化遗产项目代表性传承人年度传承人补助费分别提高到 4.8 万元、2.4 万元、1.2 万元，县级传承人补助费标准由县（市）自行确定，自 2017 年 1 月 1 日起执行。州级以上（含州级）传承人补助费增加部分由州、县（市）财政各承担 50%。

（三）建立奖补制度。探索建立代表性传承人带徒授艺以奖代补制度，鼓励各级代表性传承人收徒传艺，对省级以上传统戏剧类项目，国家级、省级代表性传承人每带出 1 名弟子，经考核合格后，以奖代补给予奖励。支持各级非物质文化遗产传习展示基地依托优势开展传承保护活动，对州级以上（含州级）非物质文化遗产传习所、生产性保护基地、非物质文化遗产进校园示范学校、非物质文化遗产传承学校和实践基地，按相关管理办法，每年组织考核评比，对优秀的传习展示基地采取以奖代补给予奖励。

三、建立培养培训机制

（一）加强传承人队伍建设。不断优化传承人梯队结构，每两年开展一次州级非物质文化遗产项目和代表性传承人申报评审工作，形成以国家级为重点、省级为骨干、州级为基础、县市级为依托的四级非物质文化遗产传承人名录体系。优化传承人年龄结构和知识结构，鼓励有志向有文化有知识的年轻人进入非物质文化遗产传承领域，优先推荐其申报代表性传承人。扩大传承人群队伍，建立传承人后备人才库，为项目的存续和发展储备后续人才。

（二）加大传承人培训力度。支持代表性传承人参加由国家、省、州文化主管部门主办的宣传、交流、展示活动，对州级以上（含州级）代表性传承人进行三年一次的州级轮训。支持代表性传承人在公共文化场所、学校、景区、家庭设立大师工作室，举办培训班，开展传习活动。组织传承人群参加各级培训，不断提高传承能力和水平。

（三）开展非遗进校园工作。各级各类学校要积极编制非物质文化遗产知识手册，设立非物质文化遗产知识文化墙、宣传栏，宣传普及非物质文化遗产知识，结合区域实际编撰校本教材，设置非物质文化遗产相关课程。职业院校要开设非物质文化遗产相关专业课程，构建非物质文化遗产课程和教材体系。鼓励中小学校举办非物质文化遗产传承传习兴趣班、培训班，开展非物质文化遗产进校园知识讲座、知识竞赛、成果展示活动，支持各级各类学校创建非物质文化遗产项目传承传习基地。

四、建立考核评价机制

（一）加强督导检查。州级以上（含州级）代表性传承人要收集、整理本项目资料，定期向项目保护单位或州、县（市）文化主管部门汇报传承工作情况。州、县（市）文化主管部门要加强传承人教育管理，定期开展督导检查，督促传承人认真履行传承人义务，积极开展传承工作。

（二）开展考核评估。制定传承人传承工作考评办法，每年组织一次传承人履职情况考核。按照国家、省、州传承人有关管理办法，对年度内州级以上代表性传承人履行传承义务情况和传习补助经费使用绩效进行综合考评。

（三）运用考评结果。将考核结果作为推荐申报上一级代表性传承人的主要依据，州文化主管部门对每年考核结果为优秀的州级以上代表性传承人进行通报表扬；对年度考核不合格的代表性传承人，按照国家、省、州有关传承人管理办法做出相应的处理；建立代表性传承人退出机制，对完全丧失传承能力和连续考核不合格的代表性传承人，按管理办法和管理权限，取消代表性传承人资格。